本书由

大连市人民政府资助出版

The published book is sponsored

by the Dalian Municipal Government

大连理工大学学术文库

Jarlan 型开孔墙式防波堤的水动力特性研究

刘　勇　著

大连理工大学出版社

图书在版编目(CIP)数据

Jarlan型开孔墙式防波堤的水动力特性研究 / 刘勇著. — 大连 : 大连理工大学出版社，2016.3
(大连理工大学学术文库)
ISBN 978-7-5685-0253-5

Ⅰ. ①J… Ⅱ. ①刘… Ⅲ. ①防波堤—水动力性质—研究 Ⅳ. ①U656.2

中国版本图书馆 CIP 数据核字(2016)第 005391 号

大连理工大学出版社出版
地址:大连市软件园路 80 号　邮政编码:116023
发行:0411-84708842　传真:0411-84701466　邮购:0411-84708943
E-mail:dutp@dutp.cn　URL:http://www.dutp.cn
大连金华光彩色印刷有限公司印刷　大连理工大学出版社发行

幅面尺寸:155mm×230mm　印张:12.5　字数:170 千字
2016 年 3 月第 1 版　2016 年 3 月第 1 次印刷

责任编辑:逄东敏　王影琢　责任校对:周　瑜
封面设计:孙宝福

ISBN 978-7-5685-0253-5　定　价:45.00 元

Dalian University of Technology Academic Series

Study on Hydrodynamic Performance of Jarlan-type Perforated Wall Breakwater

Liu Yong

Dalian University of Technology Press

序

教育是国家和民族振兴发展的根本事业。决定中国未来发展的关键在人才,基础在教育。大学是培育创新人才的高地,是新知识、新思想、新科技诞生的摇篮,是人类生存与发展的精神家园。改革开放三十多年,我们国家积累了强大的发展力量,取得了举世瞩目的各项成就,教育也因此迎来了前所未有的发展机遇。国内很多高校都因此趁势而上,高等教育在全国呈现出欣欣向荣的发展态势。

在这大好形势下,我校本着“海纳百川、自强不息、厚德笃学、知行合一”的精神,长期以来在培养精英人才、促进科技进步、传承优秀文化等方面进行着孜孜不倦的追求。特别是在人才培养方面,学校上下同心协力,下足功夫,坚持不懈地认真抓好培养质量工作,营造创新型人才成长环境,全面提高学生的创新能力、创新意识和创新思维,一批批优秀人才脱颖而出,其成果令人欣慰。

优秀的学术成果需要传播。出版社作为文化生产者,一直肩负着“传播知识,传承文明”的历史使命,积极推进大学文化建设和大学学术文化传播是出版社的责任。我非常高兴地看到,我校出版社能够始终抱有这种高度的使命感,积极挖掘学校的学术出版资源,以充分展示学校的学术活力和学术实力。

在我校研究生院的积极支持和配合下,出版社精心策划和编辑出版的“大连理工大学学术文库”即将付梓面市,该套丛书也获得了大连市政府的重点资助。第一批出版的是获得“全国百优博士论文”称号的6篇博士论文。这6篇论文体现了化工、土木、计算力学等几个专业的学术培养成果,有学术创新,反映出我校近几年博士生培养的水平。

评选优秀学位论文是教育部贯彻落实《国家中长期教育改革和发展规划纲要》、实施辽宁省“研究生教育创新计划”的重要内容，是提高研究生培养和学位授予质量，鼓励创新，促进高层次人才脱颖而出的重要举措。国务院学位办和省学位办从 1999 年开始首次评选，至今已开展 14 次。截至目前，我校已有 7 篇博士学位论文荣获全国优秀博士学位论文，30 篇博士学位论文获全国优秀博士学位论文提名论文，82 篇博士学位论文获辽宁省优秀博士学位论文。所有这些优秀博士论文都已经列入了“大连理工大学学术文库”出版工程之中，在不久的将来这些优秀论文会陆续面市。我相信，这些优秀论文的出版在传播学术文化和展示研究生培养成果的同时，一定会在全校范围内营造出一个在学术上争先创优的良好氛围，为进一步提高学校的人才培养质量做出重要贡献。

博士生是我们国家学术发展最重要的力量，在某种程度上代表了国家学术发展的未来。因此，这套丛书的出版必然会有助于孵化我校未来的学术精英，有效推动我校学术队伍的快速成长，意义极其深远。

高等学校承担着人才培养、科学研究、服务社会、文化传承创新四大职能任务，人才培养作为高等教育的根本使命一直是重中之重。2012 年辽宁省又启动了“大连理工大学领军大学建设工程”，明确要求我们要大力实施“顶尖学科建设计划”和“高端人才支撑计划”，这给我校的人才培养提供了新的机遇。我相信，在全校师生的共同努力下，立足于持续，立足于内涵，立足于创新，进一步凝心聚力，推动学校的内涵式发展；改革创新，攻坚克难，追求卓越，我校一定会迎来美好的学术明天。

中国科学院院士

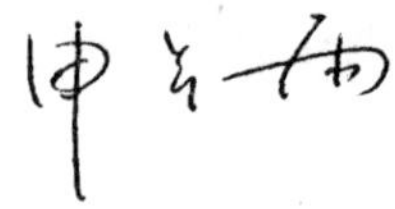

2013 年 10 月

前　言

Jarlan 型开孔墙式防波堤是将传统沉箱防波堤的前墙开孔，在前开孔墙与后实体墙之间形成消浪室，可以有效耗散波浪能量，提高结构的安全性和工作性能。开孔墙式防波堤已经在实际工程中得到大量应用，关于开孔防波堤水动力特性的研究工作也取得了很大进展，但是目前还很少有专门针对开孔防波堤的研究论著。

本书以 Jarlan 型开孔墙式防波堤为研究对象，通过理论分析、数值计算和物理模型试验，对开孔防波堤的水动力特性进行比较深入的探讨，希望可以对读者在相关领域的研究工作提供帮助，也希望可以对开孔防波堤的工程应用提供有益指导。

本书首先在绪论中简单回顾了 Jarlan 型开孔墙式防波堤的发展历程和工程应用情况，在第 2 章中介绍分析波浪与开孔防波堤相互作用所需要的基础理论知识。分析开孔防波堤的水动力特性，需要确定开孔薄板的开孔影响系数，这在第 3 章中进行了介绍。在开孔沉箱水动力分析中，需要重点关注结构的反射系数、水平波浪力、垂直波浪力以及水平力和垂直力之间的相位差，作者将理论分析和有限元数值计算相结合，建立分析开孔沉箱各水动力参数的数学模型，并进行试验验证，这部分工作在第 4 章和第 5 章中进行了详细介绍。第 6 章重点分析斜向波对开孔沉箱的漫反射作用，在分析中引入周期性边界条件，明确了开孔沉箱横隔板的影响。第 7 章提出两种改良型的开孔防波堤结构，建立新结构水动力特性的理论分析模型，并给出结构的工程设计建议。在附录中介绍波浪在多孔介质上运动的复色散方程求解方法。

本书是以作者的博士论文为基础整理成稿的，感谢大连理工大学李玉成教授对本书工作的悉心指导！感谢大连理工大学滕斌教授对本书理论工作的指导！

本书获得大连市人民政府资助出版，在此深表谢意！

编　者

2016 年 1 月

目　录

Table of Contents

1 绪 论

防波堤是港口和海岸工程中最重要的建筑物之一。在港口工程中，防波堤的主要功能是抵御外海波浪，维持港池内水域平稳，以保证船舶的安全停靠和装卸作业，有时防波堤内侧还可以兼作码头。在海岸工程中，防波堤主要用来防浪、挡沙、导流，保护天然海岸线。

防波堤的结构形式多种多样，主要有斜坡式防波堤、直立式防波堤、浮式防波堤、透空式防波堤和气幕式防波堤等。其中，斜坡堤和直立堤是两种最基本的结构形式。斜坡堤用块石等材料堆成，施工简单，对地基要求不高，但不适合大水深地区。直立堤又可细分为重力式和桩式两种，直立堤施工速度快、节省材料、特别适合大水深，不过重力式直立堤需要较好的地基条件。

开孔墙式防波堤是直立堤在形式上的一个重大改进，是在20世纪60年代由加拿大人Jarlan[1]最早提出，因此又常被称为Jarlan型结构。该结构的基本形式是在实体直立墙前放置一道开孔直立墙，在两道墙之间形成一个舱室，称为消浪室。这里的开孔直立墙可以是在实体墙上开孔，也可以是一排单个之间有一定距离的板桩、圆柱结构。Jarlan型结构的消浪原理为[2]：(1)由于反射波的不规则性和与入射波的相位差，使入射波与反射波相互干扰而减小水面振荡；(2)使入射波透过开孔壁进入消浪室消能而达到消波作用。实际应用中，经常是将沉箱的前墙开孔，将沉箱的前舱作为消浪室，建成开孔沉箱码头或防波堤。开孔沉箱结构的优点在于显著降低结构物的反射系数和波浪力，从而减轻结构物重量，降低工程造价，并有利于港池内的水面平稳。

从开孔沉箱式防波堤和码头的应用来说，国外兴建的较早。自 Jarlan 型结构被提出以来，日本在很多港口采用了开孔沉箱结构，例如：釜石港修建了上部具有消浪孔的沉箱防波堤，有良好的消波效果，船川港修建了前开孔墙为曲面的开孔沉箱防波堤，长岛港修建了外壁迎浪面开孔的双圆筒沉箱防波堤[3]。意大利在那不勒斯港区、索伦托、庞扎港等地修建了多处开孔墙式防波堤和码头，有效地降低了结构物的反射系数、波浪力和越浪量[4]。加拿大在 Kelsey 湾防波堤改造中，采用了开孔墙式结构，满足了工程需要[5]。韩国也在釜山港建设中采用开孔沉箱结构[6-7]。我国在秦皇岛油港二期工程设计中，修建了第一座开孔沉箱防波堤，其消浪室位于防波堤内侧，有效地保证了港内泊稳，随后在秦皇岛煤码头、青岛前湾港等也采用了类似的开孔墙式防波堤结构，以改善港内泊稳[8]。特别是，开孔沉箱在大连大窑湾港区建设中得到广泛应用[9]，大连港 25 万吨矿石码头、大连港 30 万吨原油码头、大连中远 30 万吨浮船坞防波堤工程以及大连新港新 30 万吨原油码头均采用了开孔沉箱结构。据不完全统计，在这 4 项工程设计中，采用开孔沉箱结构后累计节省工程投资 6 400 余万元，取得了显著的经济效益。

本书将结合实际工程需求，研究波浪对 Jarlan 型开孔墙式防波堤作用的数学分析模型。结合物理模型试验，明确结构的反射特性和受力特性，为工程应用和进一步研究提供参考。

2 基本理论

本书基于线性势流理论来分析波浪与开孔墙式防波堤相互作用的问题。正式讨论之前，先简要地叙述一下理想流体运动的控制方程、水波运动问题的边界条件、线性波的基本理论以及水波与多孔介质相互作用的基本模型和匹配边界条件，将有助于问题的深入探讨。

2.1 理想流体运动控制方程

考虑水波与海洋工程结构物相互作用的问题时，主要是针对重力水波，可假定流体是不可压缩的。此时，流体运动满足基本的质量守恒和动量守恒定律，在笛卡尔坐标系 $Oxyz$ 下可写为

$$\nabla \cdot \boldsymbol{U}=0 \tag{2.1}$$

$$\frac{\partial \boldsymbol{U}}{\partial t}+(\boldsymbol{U} \cdot \nabla)\boldsymbol{U}=-\nabla\left(gz+\frac{P}{\rho}\right)+\nu\nabla^2\boldsymbol{U} \tag{2.2}$$

式中：$\nabla=\left(\frac{\partial}{\partial x},\frac{\partial}{\partial y},\frac{\partial}{\partial z}\right)$；$\boldsymbol{U}$ 和 P 分别为空间点(x,y,z)处 t 时刻的速度矢量和压力；ρ 为流体密度；g 为重力加速度；ν 为运动黏性系数；z 轴垂直向上。式(2.2)被称为耐维-斯托克斯(Navier-Stokes)

方程。

在水中,运动黏性系数 ν 很小($\sim 10^{-6}\ m^2/s$),仅在流体运动的速度梯度很大(如张力波)或在靠近物体壁面和海底的薄边界层内,黏性才具有可观的作用。对于实际问题中的重力水波,可以进一步假定流体是无黏的。对于无黏无旋流动,即有

$$\nabla \times \boldsymbol{U}=0 \tag{2.3}$$

速度矢量 $\boldsymbol{U}$ 还可表示成标量速度势 Φ 的梯度量:

$$\boldsymbol{U}=\nabla \Phi \tag{2.4}$$

将式(2.4)代入质量守恒方程(2.1)可得

$$\nabla^2 \Phi=0 \tag{2.5}$$

式(2.5)称为拉普拉斯(Laplace)方程,是理想流体运动的运动学控制方程。

将式(2.3)和(2.4)代入动量守恒方程(2.2),并利用矢量恒等式

$$(\boldsymbol{U}\cdot\nabla)\boldsymbol{U}=\nabla^2\frac{\boldsymbol{U}^2}{2}-\boldsymbol{U}\times(\nabla\times\boldsymbol{U}) \tag{2.6}$$

可得

$$\nabla\left[\frac{\partial \Phi}{\partial t}+\frac{1}{2}(\nabla\Phi\cdot\nabla\Phi)\right]=-\nabla\left(\frac{P}{\rho}+gz\right) \tag{2.7}$$

对方程(2.7)进行空间坐标的积分,可得

$$gz+\frac{\partial \Phi}{\partial t}+\frac{1}{2}|\nabla\Phi|^2+F(t)=-\frac{P}{\rho} \tag{2.8}$$

其中 $F(t)$ 为时间 t 的任意函数,一般可在不影响速度场的情况下重新定义速度势 Φ,使 $F(t)=0$。因此,不失一般性,令 $F(t)=0$,可得

$$gz+\frac{\partial \Phi}{\partial t}+\frac{1}{2}|\nabla\Phi|^2=-\frac{P}{\rho} \tag{2.9}$$

式(2.8)或(2.9)称为伯努利(Bernoulli)方程。式(2.9)左边第1项 gz 代表对 P 的流体静压力贡献,而其余项为对 P 的流体动压力贡献。

2.2 水波运动问题的边界条件

水波问题的边界条件主要包括自由表面条件、海底条件、物面条件以及无穷远处边界条件。在下面的数学表述中同样采用笛卡尔坐标系 $Oxyz$,其中坐标原点位于静水面,z 轴垂直向上。

首先考虑与大气接界的自由表面上的边界条件。设自由表面的垂直位移为 $\zeta(x,y,t)$,则自由表面方程为

$$z=\zeta(x,y,t) \tag{2.10}$$

自由表面上一点的垂直方向运动速度为

$$\frac{\mathrm{d}z}{\mathrm{d}t}=\frac{\partial\zeta}{\partial t}+\frac{\partial\zeta}{\partial x}\frac{\partial x}{\partial t}+\frac{\partial\zeta}{\partial y}\frac{\partial y}{\partial t} \tag{2.11}$$

自由表面上流体的法向速度应与自由表面的法向速度相同,即

$$\frac{\mathrm{d}x}{\mathrm{d}t}=\frac{\partial\Phi}{\partial x},\frac{\mathrm{d}y}{\mathrm{d}t}=\frac{\partial\Phi}{\partial y},\frac{\mathrm{d}z}{\mathrm{d}t}=\frac{\partial\Phi}{\partial z} \tag{2.12}$$

从而可得

$$\frac{\partial\Phi}{\partial z}=\frac{\partial\zeta}{\partial t}+\frac{\partial\zeta}{\partial x}\frac{\partial\Phi}{\partial x}+\frac{\partial\zeta}{\partial y}\frac{\partial\Phi}{\partial y} \tag{2.13}$$

式(2.13)称为自由表面上的运动学边界条件。此外,对于重力波可以不考虑表面张力的作用,则紧接自由表面之下处的压力等于自由表面上的大气压力 p_a(通常取 $p_a=0$),把伯努利方程(2.9)应用到自由表面上并取 $p_a=0$,可得

$$g\zeta+\frac{\partial\Phi}{\partial t}+\frac{1}{2}|\nabla\Phi|^2=0 \tag{2.14}$$

式(2.14)称为波面方程,是自由表面上的动力学边界条件。从式(2.13)和(2.14)中消去波面 ζ,并取 $p_a=0$,可得到一个仅由速度势表示的新的自由表面条件:

$$\frac{\partial^2 \Phi}{\partial t^2}+g\frac{\partial \Phi}{\partial z}+2\nabla\Phi\nabla\frac{\partial \Phi}{\partial t}+\frac{1}{2}\nabla\Phi\cdot\nabla(\nabla\Phi\cdot\nabla\Phi)=0 \quad (2.15)$$

式(2.15)综合了自由表面上的运动学和动力学边界条件。需要注意的是,上述自由表面边界条件都是在未知的自由水面 $z=\zeta(x,y,t)$ 上满足的。

在不可穿透的物体表面上,如果流体运动和物面不发生脱离,则在物面的法线上,流体速度应等于物体运动速度,即

$$\frac{\partial \Phi}{\partial \boldsymbol{n}}=\boldsymbol{U}\cdot\boldsymbol{n} \quad (2.16)$$

式中:$\boldsymbol{n}$ 为物体表面的单位法矢量;$\boldsymbol{U}$ 为物体表面点的运动速度矢量。如果物体固定不动,即法速度为 0,物面条件写为

$$\frac{\partial \Phi}{\partial \boldsymbol{n}}=0 \quad (2.17)$$

在 $z=-d(x,y)$ 的海底,可把式(2.17)改写为

$$\frac{\partial \Phi}{\partial z}=\frac{\partial \Phi}{\partial x}\frac{\partial d}{\partial x}+\frac{\partial \Phi}{\partial y}\frac{\partial d}{\partial y} \quad (2.18)$$

在无穷远边界,要有波浪向外传出,称为辐射边界条件。常用的辐射条件是 Sommerfeld 辐射条件。对于本书将要涉及的二维问题,可写为

$$\lim_{x\to\pm\infty}\left(\frac{\partial \Phi}{\partial t}\pm c\frac{\partial \Phi}{\partial x}\right)=0 \quad (2.19)$$

其中 c 为波浪传播速度。

2.3 线性波问题

要考虑线性波问题，需要先将非线性自由水面条件做线性化近似。

将速度势 Φ、波面 ζ 和压力 P 依小参数 ε 做摄动展开：

$$\Phi=\varepsilon\Phi^{(1)}+\varepsilon^2\Phi^{(2)}+\varepsilon^3\Phi^{(3)}+\cdots \tag{2.20}$$

$$\zeta=\varepsilon\zeta^{(1)}+\varepsilon^2\zeta^{(2)}+\varepsilon^3\zeta^{(3)}+\cdots \tag{2.21}$$

$$P=P_0+\varepsilon P^{(1)}+\varepsilon^2 P^{(2)}+\varepsilon^3 P^{(3)}+\cdots \tag{2.22}$$

将式(2.20)代入式(2.5)，得到一阶速度势同样满足拉普拉斯方程：

$$\nabla^2\Phi^{(1)}=0 \tag{2.23}$$

将式(2.20)、(2.21)代入式(2.14)，式(2.20)代入式(2.15)，并在平均水面 $z=0$ 处做泰勒级数展开，可得到一阶近似下的波面升高和自由水面条件：

$$\zeta^{(1)}=-\frac{1}{g}\frac{\partial\Phi^{(1)}}{\partial t},z=0 \tag{2.24}$$

$$\frac{\partial^2\Phi^{(1)}}{\partial t^2}+g\frac{\partial\Phi^{(1)}}{\partial z}=0,z=0 \tag{2.25}$$

将式(2.22)代入式(2.9)可得到线性化的伯努利方程：

$$\frac{\partial\Phi^{(1)}}{\partial t}=-\frac{P^{(1)}}{\rho} \tag{2.26}$$

此外，线性的物面条件、海底边界条件和辐射边界条件也可以很容易写出：

$$\frac{\partial\Phi^{(1)}}{\partial \boldsymbol{n}}=0 \tag{2.27}$$

$$\frac{\partial \Phi^{(1)}}{\partial z}=\frac{\partial \Phi^{(1)}}{\partial x}\frac{\partial d}{\partial x}+\frac{\partial \Phi^{(1)}}{\partial y}\frac{\partial d}{\partial y}, z=-d(x,y) \tag{2.28}$$

$$\lim_{x\to\pm\infty}\left(\frac{\partial \Phi^{(1)}}{\partial t}\pm c\,\frac{\partial \Phi^{(1)}}{\partial x}\right)=0 \tag{2.29}$$

方程(2.23)～(2.29)就组成了线性波问题的基本控制方程和边界条件。

本书将讨论圆频率为 ω 的周期波，则时间因子 $e^{-i\omega t}$ 可以从速度势、波面和波压力函数中分离出来：

$$\Phi=\mathrm{Re}[\varphi(x,y,z)e^{-i\omega t}] \tag{2.30}$$

$$\zeta=\mathrm{Re}[\eta(x,y)e^{-i\omega t}] \tag{2.31}$$

$$P=\mathrm{Re}[p(x,y,z)e^{-i\omega t}] \tag{2.32}$$

其中空间速度势 $\varphi(x,y,z)$、波面 $\eta(x,y)$ 和压力 $p(x,y,z)$ 均为复数形式，则方程(2.23)～(2.29)可重写为(为书写方便，忽略上标标记)

$$\nabla^2\varphi=0 \tag{2.33}$$

$$\eta=\frac{i\omega}{g}\varphi, z=0 \tag{2.34}$$

$$\frac{\partial\varphi}{\partial z}=\frac{\omega^2}{g}\varphi, z=0 \tag{2.35}$$

$$p=i\omega\rho\varphi \tag{2.36}$$

$$\frac{\partial\varphi}{\partial \boldsymbol{n}}=0 \tag{2.37}$$

$$\frac{\partial\varphi}{\partial z}=\frac{\partial\varphi}{\partial x}\frac{\partial d}{\partial x}+\frac{\partial\varphi}{\partial y}\frac{\partial d}{\partial y}, z=-d(x,y) \tag{2.38}$$

$$\lim_{x\to\pm\infty}\left(i\omega\varphi\pm c\,\frac{\partial\varphi}{\partial x}\right)=0 \tag{2.39}$$

在其后的讨论中，方程(2.33)～(2.39)是将要用到的基本方程。

考虑最简单的等水深 d 中的立面二维右行余弦波问题，其复波面可写为

$$\eta(x)=A\mathrm{e}^{\mathrm{i}kx} \tag{2.40}$$

式中：A 为振幅；波数 $k=2\pi/L$，L 为波长；x 轴向右为正。利用分离变量法（参见数理方程书），可以很容易写出满足控制方程(2.33)以及边界条件(2.38)和式(2.34)的速度势表达式：

$$\varphi(x,z)=-\frac{\mathrm{i}gA}{\omega}\frac{\cosh k(z+d)}{\cosh kd}\mathrm{e}^{\mathrm{i}kx} \tag{2.41}$$

利用式(2.35)可以得到波浪圆频率和波数的关系：

$$\omega^2=gk\tanh kd \tag{2.42}$$

式(2.42)称为水波的色散方程。水波传播的相速度为

$$c=\frac{\omega}{k}=\sqrt{\frac{g}{k}\tanh kd} \tag{2.43}$$

2.4 水波与多孔介质相互作用的基本模型

本书考虑的是水波与开孔板和块石等大孔隙多孔介质的作用，对于这一类问题，Sollitt 等[10]在 1972 年所建立的数学模型应用最为广泛。下面对该模型做一简单介绍，更详细的推导过程可见文献[10]。

对于孔隙率为 ε 的刚性多孔介质，同样假定孔隙内运动的流体是不可压缩的，其渗流速度矢量记为 $\boldsymbol{U}$，孔隙压力记为 P。要注意的是，这里定义的 $\boldsymbol{U}$ 和 P 与 2.1 节中是不同的，是在一个有限的体积内平均的结果，包括了多孔介质孔隙和固相两部分。根据 Sollitt 等[10]所述，此时的质量守恒方程和运动方程可写为

$$\nabla\cdot\boldsymbol{U}=0 \tag{2.44}$$

$$\frac{\partial \boldsymbol{U}}{\partial t}=-\nabla\left(gz+\frac{P}{\rho}\right)-\left(\frac{\nu}{K_{\mathrm{p}}}\varepsilon\boldsymbol{U}+\frac{C_{\mathrm{f}}}{\sqrt{K_{\mathrm{p}}}}\varepsilon^{2}\boldsymbol{U}|\boldsymbol{U}|\right)-\frac{1-\varepsilon}{\varepsilon}C_{\mathrm{m}}\frac{\partial \boldsymbol{U}}{\partial t}$$

(2.45)

式中：ρ 为流体密度；g 为重力加速度；ν 为运动黏性系数；K_{p} 为多孔材料的固有渗透系数；C_{f} 是无因次的紊动阻力系数；C_{m} 为附加质量系数；z 轴垂直向上。在运动方程(2.45)中，忽略了对流加速度项，右边第 2 部分是多孔介质的耗散阻力项(包括线性和非线性两部分)，第 3 部分是由介质颗粒附加质量引起的非耗散惯性阻力项。将非耗散惯性阻力项移到式(2.45)左边，并定义一个惯性力系数：

$$s=1+\frac{1-\varepsilon}{\varepsilon}C_{\mathrm{m}} \tag{2.46}$$

则方程(2.45)可以改写为

$$s\frac{\partial U}{\partial t}=-\nabla\left(gz+\frac{P}{\rho}\right)-\left(\frac{\nu}{K_{\mathrm{p}}}\varepsilon\boldsymbol{U}+\frac{C_{\mathrm{f}}}{\sqrt{K_{\mathrm{p}}}}\varepsilon^{2}\boldsymbol{U}|\boldsymbol{U}|\right) \tag{2.47}$$

注意到方程(2.47)中的阻力项为非线性的，为了得到理论解，对于圆频率为 ω 的周期性水波运动，可利用 Lorentz 等价假定将其线性化：

$$\frac{\nu}{K_{\mathrm{p}}}\varepsilon\boldsymbol{U}+\frac{C_{\mathrm{f}}}{\sqrt{K_{\mathrm{p}}}}\varepsilon^{2}\boldsymbol{U}|\boldsymbol{U}|\rightarrow f\omega\boldsymbol{U} \tag{2.48}$$

其中 f 称为线性化阻力系数。该假定的基本含义是：在一个波浪运动周期 T 内，在多孔介质体积 V 内由线性化后的阻力 $f\omega\boldsymbol{U}$ 所耗散的能量应等于非线性阻力所耗散的能量，则阻力系数 f 可由下式来确定：

$$f=\frac{1}{\omega}\frac{\int_{V}\mathrm{d}V\int_{t}^{t+T}\varepsilon^{2}\left(\frac{\nu}{K_{\mathrm{p}}}\mid\boldsymbol{U}_{\mathrm{R}}\mid^{2}+\frac{C_{\mathrm{f}}\varepsilon}{K_{\mathrm{p}}}\mid\boldsymbol{U}_{\mathrm{R}}\mid^{3}\right)\mathrm{d}t}{\int_{V}\mathrm{d}V\int_{t}^{t+T}\varepsilon\mid\boldsymbol{U}_{\mathrm{R}}\mid^{2}\mathrm{d}t} \tag{2.49}$$

其中 $\boldsymbol{U}_{\mathrm{R}}$ 为渗流速度 $\boldsymbol{U}$ 的实部。注意到 $\boldsymbol{U}_{\mathrm{R}}$ 的计算需要先给定一个 f,因此阻力系数需要迭代计算来确定。利用式(2.48),线性化的运动方程可以写为

$$s\frac{\partial \boldsymbol{U}}{\partial t}=-\nabla\left(gz+\frac{P}{\rho}\right)-f\omega\boldsymbol{U} \tag{2.50}$$

进一步假定多孔介质内的流动是无旋的,则渗流速度同样可用一个速度势函数来表示:

$$\boldsymbol{U}=\nabla\Phi \tag{2.51}$$

由式(2.51)和质量守恒方程(2.44)可知,渗流速度势满足拉普拉斯方程。此外,将式(2.51)代入动量方程(2.50),可以得到一个流体在多孔介质内运动的伯努利方程:

$$s\frac{\partial \Phi}{\partial t}+\frac{P}{\rho}+gz+f\omega\Phi=0 \tag{2.52}$$

需要注意的是,式(2.52)本身就是线性的。Φ 相当于 2.3 节中的一阶速度势 $\Phi^{(1)}$,而压力 P 则为线性动水压力 $P^{(1)}$ 和静水压力 $-\rho gz$ 之和。式(2.52)可写成更通用的形式:

$$s\frac{\partial \Phi}{\partial t}+\frac{P^{(1)}}{\rho}+f\omega\Phi=0 \tag{2.53}$$

对于圆频率为 ω 的周期波,将时间因子 $\mathrm{e}^{-\mathrm{i}\omega t}$ 可以从速度势、波面和波压力中分离出来[见式(2.30)~(2.32)],则空间渗流速度势 φ 同样满足拉普拉斯方程,伯努利方程(2.53)可写为

$$p=-(f-\mathrm{i}s)\rho\omega\varphi \tag{2.54}$$

其中 p 为多孔介质内流动的空间动水压力。如果多孔介质内存在和大气接触的自由表面,则需要给出自由表面条件。紧接自由表面之下处的压力等于自由表面上的大气压力 p_{a},取 $p_{\mathrm{a}}=0$,则由式(2.52)可得到自由表面的动力学边界条件:

$$g\eta+(f-\mathrm{i}s)\omega\varphi=0 \tag{2.55}$$

自由表面的线性运动学条件为

$$\frac{\partial\varphi}{\partial z}+\mathrm{i}\omega\eta=0 \tag{2.56}$$

从式(2.55)和(2.56)中消去波面可得到一个由势函数表示的自由水面条件：

$$\frac{\partial\varphi}{\partial z}=\frac{\mathrm{i}\omega^2}{g}(f-\mathrm{i}s)\varphi \tag{2.57}$$

如果多孔介质内存在不透水物面，则速度势在物面上的法向导数必须为 0：

$$\frac{\partial\varphi}{\partial \boldsymbol{n}}=0 \tag{2.58}$$

其中 $\boldsymbol{n}$ 为物面法向矢量。此外，在多孔介质区域与流体区域的交界面或性质不同的多孔介质区域交界面，质量输运和动水压力必须保持连续：

$$\varepsilon_1\frac{\partial\varphi_1}{\partial \boldsymbol{n}}=\varepsilon_2\frac{\partial\varphi_2}{\partial \boldsymbol{n}} \tag{2.59}$$

$$p_1=p_2 \tag{2.60}$$

式(2.59)和(2.60)中下标代表不同区域内的参数。利用式(2.54)，压力连续条件(2.60)可写成用速度势表示的形式：

$$(f_1-\mathrm{i}s_1)\varphi_1=(f_2-\mathrm{i}s_2)\varphi_2 \tag{2.61}$$

需要指出的是，如果流域内没有多孔介质，则阻力系数 $f=0$，惯性力系数 $s=1$。此时上面给出的边界条件与 2.3 节中讨论的线性水波问题是一致的。

2.5 水波透过开孔薄板的匹配边界条件

本书在波浪与开孔墙式防波堤相互作用的理论分析中采用

Yu[11]基于多孔介质给出的开孔薄板边界条件，这里简单介绍该边界条件的推导过程，详细的过程可见文献[11]。

图 2.1 给出考虑该问题的示意图：厚度为 δ、几何开孔率为 ε 的均匀开孔板从水底延伸到自由表面以上，水深为 d，频率为 ω 的线性规则波从左向右透过开孔板，开孔板左边区域为①区，右边为②区。

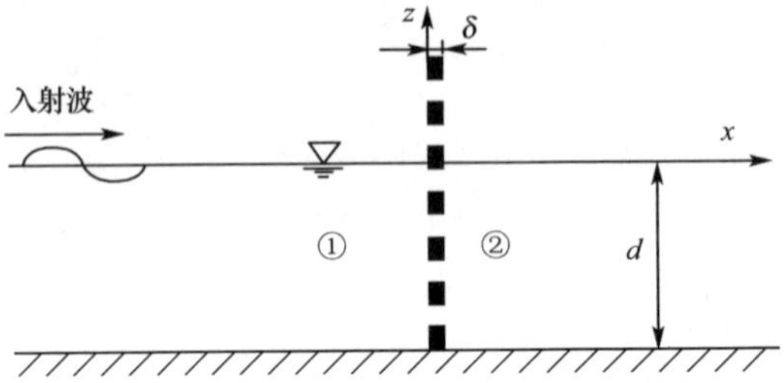

图 2.1　开孔板示意图

Fig. 2.1　Sketch of a perforated plate

这里考虑流体是不可压缩，且其运动是无旋的。将开孔板视为均匀的多孔介质，根据 2.4 节所述，开孔板内部流体运动满足方程：

$$\nabla \cdot \boldsymbol{U}=0 \tag{2.62}$$

$$s\frac{\partial \boldsymbol{U}}{\partial t}=-\frac{\nabla P}{\rho}-f\omega \boldsymbol{U} \tag{2.63}$$

其中 f 和 s 分别为多孔介质的线性化阻力系数和惯性力系数，ρ 为流体密度。将流体速度 $\boldsymbol{U}$ 和动压力 P 的时间因子分离出来，可得到空间速度 $\boldsymbol{u}$ 和空间动水压力 p 的表达式：

$$\nabla \cdot \boldsymbol{u}=0 \tag{2.64}$$

$$\boldsymbol{u}=-\frac{\nabla p}{\rho}\frac{1}{\omega(f-\mathrm{i}s)} \tag{2.65}$$

对式(2.64)和(2.65)做无因次分析，可以发现薄板内水平方向的

速度和速度梯度完全占优，因此只考虑水平速度分量可得

$$\frac{\partial u}{\partial x}=0 \tag{2.66}$$

$$\frac{\partial p}{\partial x}+\rho\omega(f-\mathrm{i}s)u=0 \tag{2.67}$$

其中 u 为薄板内的水平速度分量。由式(2.66)可知开孔板内水平速度沿 x 方向是不变的，因此将式(2.67)沿 x 方向积分可得

$$u=\frac{1}{\rho\delta\omega(f-\mathrm{i}s)}(p_0^+-p_\delta^-) \tag{2.68}$$

这里用符号$_0^+$ 和$_\delta^-$ 代表开孔板内部 $x=0$ 和 $x=\delta$ 处的相应值，用$_0^-$ 和$_\delta^+$ 代表开孔板外部 $x=0$ 和 $x=\delta$ 处的相应值。认为 $p_0^+=p_0^-$ 和 $p_\delta^+=p_\delta^-$，并将孔隙中的流速换算成整个板上的流速，然后与薄板外部流体速度匹配，可得

$$u_0^-=u_\delta^+=\varepsilon u=\frac{\varepsilon}{\rho b\omega(f-\mathrm{i}s)}(p_0^--p_\delta^+) \tag{2.69}$$

在开孔板外部区域，压力 p_0^-、p_δ^+ 和速度势 φ_1、φ_2 满足伯努利方程：

$$p_0^-=\mathrm{i}\omega\rho\varphi_1,\ p_\delta^+=i\omega\rho\varphi_2 \tag{2.70}$$

在考虑外部流动时，可将薄板厚度忽略，也就是将开孔板视为 $x=0$ 处的一条垂直线，则

$$\frac{\partial\varphi_1}{\partial x}=u_0^-=u_\delta^+=u_0^+=\frac{\partial\varphi_2}{\partial x} \tag{2.71}$$

最后，综合式(2.69)～(2.71)可得

$$\frac{\partial\varphi_1}{\partial x}=\frac{\partial\varphi_2}{\partial x}=\frac{\mathrm{i}\varepsilon}{\delta(f-\mathrm{i}s)}(\varphi_1-\varphi_2),x=0^\pm \tag{2.72}$$

Yu[11]定义一个如下的孔隙影响系数：

$$G=\frac{\varepsilon}{k_0\delta(f-\mathrm{i}s)} \tag{2.73}$$

其中 k_0 为入射波波数。G 还可表示为

$$G=G_r+iG_i=|G|e^{i\gamma} \tag{2.74}$$

式中：G_r 和 G_i 分别为 G 的实部和虚部，γ 为 G 的辐角。式(2.72)可写为

$$\frac{\partial\varphi_1}{\partial x}=\frac{\partial\varphi_2}{\partial x}=ik_0G(\varphi_1-\varphi_2),x=0^{\pm} \tag{2.75}$$

式(2.75)就是本书将用到的开孔板匹配边界条件。简单的理解，该条件中的第 1 个等号表示流体通过开孔板时质量输运守恒，第 2 个等号表示流体通过开孔板的法向速度与开孔板两侧压力差成正比，ik_0G 为比例系数。

3　开孔薄板孔隙影响系数的确定

在前一章 2.5 节介绍了水波透过开孔薄板的匹配边界条件，并引入了开孔薄板的孔隙影响系数 G。G 由理论推导而来，其值是未知的。要将波浪与开孔墙式防波堤相互作用的理论分析或数值计算结果应用于工程实际，就必须先确定 G。不同条件下，G 通常可由具体的模型试验测得。已经有一些研究者[11-17]，针对某些具体的试验条件给出部分 G 的取值，但是目前还没有一个通用的确定 G 的方法。这就给理论或数值结果的工程应用带来诸多不便。本章将通过理论结果与大量试验数据的对比，给出工程常用范围内 G 的确定方法。

3.1　研究方法介绍

根据 Yu[11] 的定义，开孔薄板的孔隙影响系数 G 为一复数，计算式如下：

$$G=\frac{\varepsilon}{k_0\delta(f-\mathrm{i}s)} \tag{3.1}$$

其中开孔板的开孔率 ε、开孔板的厚度 δ 以及入射波的波数 k_0 都是已知的。因此,只要能确定开孔板的惯性力系数 s 和线性化阻力系数 f,就可以计算出孔隙影响系数 G。

在前一章 2.4 节中已经提到,惯性力系数 s 可以由附加质量系数 C_m 来表示:

$$s=1+\frac{1-\varepsilon}{\varepsilon}C_m \tag{3.2}$$

对于由块石等材料组成的多孔结构物,van Gent[18] 和 Requejo 等[19]根据试验结果推荐 $C_m=0.34$。不过,也有很多研究者在计算开孔板或可渗透堤等多孔结构物的反射和透射系数时取 $C_m=0$,即 $s=1$,其计算结果与相应的试验结果符合良好。本书在最初分析中,同时考虑了 $C_m=0.34$ 和 $C_m=0$ 这两种情况。但是在经过初步计算后,发现 $C_m=0(s=1)$ 对于开孔薄板更为适合。其实在 Li 等[15-16]的试验中已经证明了这一点,他们通过试验得到一些 G,发现大部分 G 的虚部很小。根据 G 的定义式(3.1),这就说明 s 为一小值。所以本章主要给出 $s=1$ 的结果,在下面的结果分析中如果没有特别说明,均指 $s=1$。

现在,问题的重点就在于如何来确定线性化阻力系数 f。根据 Sollitt 等[10]的最初定义,f 需要通过迭代计算来确定,这在式(2.49)中已做了说明。对于波浪与开孔薄板式结构物相互作用的问题,f 是在开孔板匹配边界条件中出现,此时采用迭代计算并不可行。一些研究者[11-14,17]采用如下的方法来确定 f:首先取不同的 f 来计算出开孔薄板式结构物的反射或透射系数,然后将计算结果与试验数据进行对比,最后基于最小二乘法原理确定出与试验结

果符合最好的 f。这种方法简单而有效，并给予作者很好的启示。如果能将理论结果与不同的试验数据进行对比，得到相应条件下开孔薄板线性化阻力系数 f，并分析其影响因素和变化规律，就可以总结出工程常用范围内 f 的确定方法，进而就可以计算出孔隙影响系数 G。

这里将两种开孔墙式防波堤反射或透射系数的理论计算结果与试验数据进行对比，得到相应的 f。图 3.1 给出这两种开孔墙式防波堤结构的示意图。图 3.1(a)为开孔垂直薄板防波堤，图 3.1(b)为局部开孔沉箱防波堤，其中防波堤前水深为 d，局部开孔沉箱内部水深为 b，开孔沉箱消浪室宽度为 B。考虑规则波与防波堤的作用，入射波波长为 L，波高为 H。

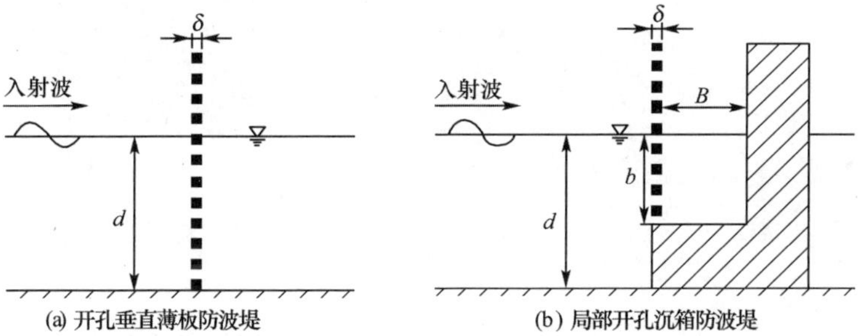

图 3.1　两种开孔墙式防波堤示意图

Fig. 3.1　Sketches of two perforated wall breakwaters

基于线性势流理论，规则波通过防波堤图 3.1(a)时的反射系数 K_R 和透射系数 K_T 可由下式计算[11]：

$$K_R = \left| \frac{1}{1+2G} \right| \tag{3.3}$$

$$K_T = \left| \frac{2G}{1+2G} \right| \tag{3.4}$$

同样基于线性势流理论，当防波堤图 3.1(b)内外水深相等时($d=b$)，波浪反射系数的表达式为[20]

$$K_R=\left|\frac{1-G(1-\mathrm{i}\cot k_0B)}{1+G(1+\mathrm{i}\cot k_0B)}\right| \tag{3.5}$$

当防波堤图 3.1(b)内外水深不相等时，结构物前的反射波中存在非传播模态，反射系数没有显式的表达式。这时需要将防波堤内外波浪场的速度势做特征函数展开，然后在前开孔墙处利用开孔边界条件匹配求解速度势中的未知系数，进而得到反射系数的值。这一具体过程在文献[15]中已有详细描述，并且在后面的章节中也会给出与这一问题类似但更复杂的理论解推导和计算过程，所以这里就不再赘述。

下面就利用上述的理论方法来计算开孔墙式防波堤的反射系数和透射系数，并与其他研究者和作者所进行的模型试验结果进行比较，得到 $s=1(C_m=0)$时相应的 f。同时也给出 $C_m=0.34$ 时的部分结果进行比较。

3.2 阻力系数和惯性力系数的确定

3.2.1 阻力系数的确定

首先将开孔沉箱防波堤反射系数的理论计算结果与 Tanimoto 等[21]、Kondo[22]以及 Zhu 等[23]的试验结果进行比较，得到相应的 f。表 3.1 列出了这些不同研究者的试验条件和模型参数。

表 3.1　已有研究者的试验条件和模型参数

Tab.3.1　Experimental conditions and model parameters of previous researchers

试验	入射波周期 T/s	入射波波高 H/cm	前水深 d/cm	内部水深 b/cm	消浪室宽度 B/cm	开孔率 ε	开孔板厚度 δ/cm	开孔形状
Tanimoto 等[21]	0.85～3.00	3.3～22.5	60	20～60	17.0～97.0	0.143，0.250，0.333，0.400	3.0，6.0，9.0	竖狭缝
Kondo[22]	0.70～2.10	4.0	50	50	50.0	0.200，0.340	0.6	圆孔
Zhu 等[23]	0.50～1.00	3.0	32	32	2.4～48.4	0.200	0.3	竖狭缝

Tanimoto 等[21]试验测量了局部开孔沉箱防波堤的反射系数。试验水槽长 39.5 m，靠近造波机一侧深 1.27 m、宽 1 m，安放模型区域深 0.97 m、宽 0.48 m，试验中模型前水深为 60 cm。模型前开孔板用合成树脂材料制作，其他部分用合成木板制作，开孔形式为竖狭缝。作者将局部开孔沉箱防波堤反射系数的理论计算结果和这一试验结果进行比较，按照理论和试验结果最接近的原则，得到一些线性化阻力系数 f。图 3.2～3.4 给出相应的比较结果，其中，横坐标表示消浪室宽度 B 与消浪室内波长 L_1 的比值，纵坐标表示开孔沉箱的反射系数 K_R。图 3.2 中开孔板的相对厚度 $\delta/d=0.05$，消浪室宽度与水深比 $B/d=0.617$，消浪室内相对水深 $b/d=0.5$。计算值和试验值符合最好时的 f 为：前墙开孔率 $\varepsilon=0.143$、0.25 时，$f=3.5$；$\varepsilon=0.333$时，$f=4$；$\varepsilon=0.4$ 时，$f=5$。图 3.3 中开

孔板的相对厚度 $\delta/d=0.05$，消浪室宽度与水深比 $B/d=0.617$，前墙开孔率 $\varepsilon=0.25$。可以看出，当消浪室内相对水深 b/d 从 0.333 变化到 1 时，最优的 f 均为 3.5。图 3.4 中消浪室内相对水深 $b/d=0.5$，前墙开孔率 $\varepsilon=0.25$。当开孔板的相对厚度 $\delta/d=0.05$ 时，$f=3.5$；当 $\delta/d=0.1$、0.15 时，$f=2$。从图 3.4 可以看出，当开孔板相对厚度较大时($\delta/d=0.1$、0.15)，f 较小，取为 2。

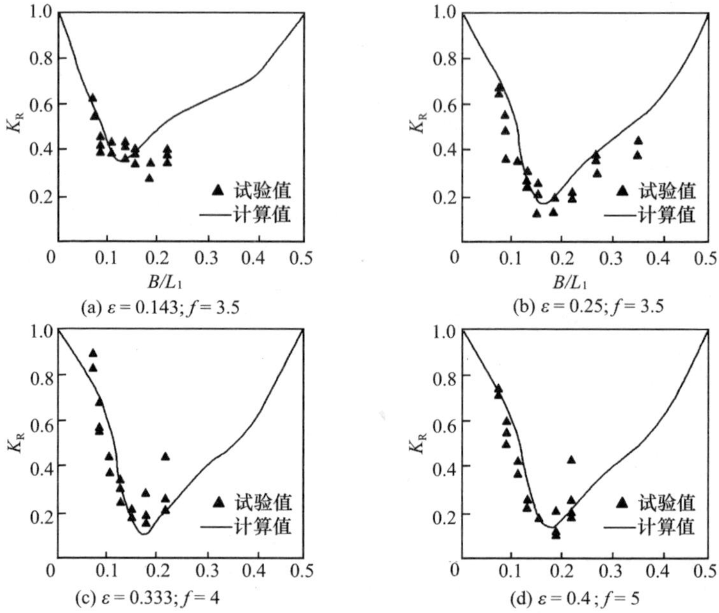

图 3.2　计算结果与 Tanimoto 等[21]试验结果比较(1)

Fig. 3.2　Comparison between calculation results and experimental results of Tanimoto, *et al.*[21] (1)

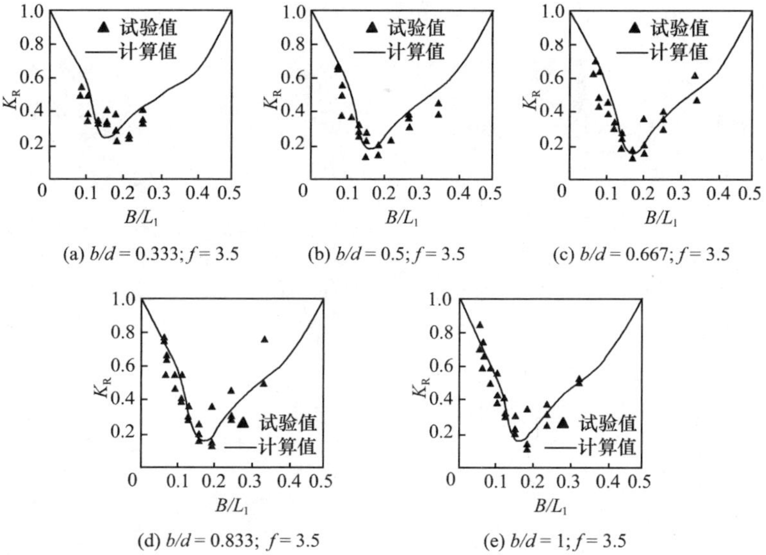

(a) $b/d=0.333; f=3.5$　(b) $b/d=0.5; f=3.5$　(c) $b/d=0.667; f=3.5$

(d) $b/d=0.833; f=3.5$　(e) $b/d=1; f=3.5$

图 3.3　计算结果与 Tanimoto 等[21]试验结果比较(2)

Fig. 3.3　Comparison between calculation results and experimental results of Tanimoto, *et al.*[21](2)

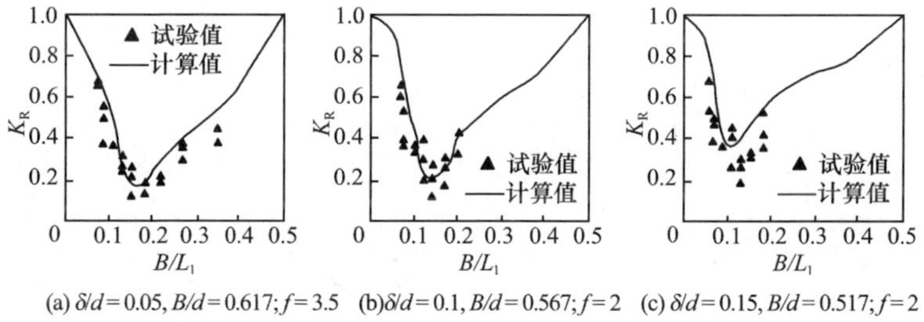

(a) $\delta/d=0.05, B/d=0.617; f=3.5$　(b) $\delta/d=0.1, B/d=0.567; f=2$　(c) $\delta/d=0.15, B/d=0.517; f=2$

图 3.4　计算结果与 Tanimoto 等[21]试验结果比较(3)

Fig. 3.4　Comparison between calculation results and experimental results of Tanimoto, *et al.*[21](3)

Kondo[22]试验测量了全开孔沉箱防波堤的反射系数。试验水槽长 18.5 m、宽 0.4 m、深 1 m，试验水深为 50 cm。试验模型用不锈钢制作，前板厚度为 0.6 cm，开孔形式为圆孔，孔口直径分别为 1.2 cm 和 2 cm 两种。试验中开孔板的相对厚度 $\delta/d=0.012$，开孔率 $\varepsilon=0.2$、0.34。图 3.5 给出计算结果与试验结果比较得到的 f，图中横坐标代表消浪室相对宽度 B/L（L 为入射波波长），纵坐标为反射系数。$\varepsilon=0.2$ 时，$f=9$；$\varepsilon=0.34$ 时，$f=8$。

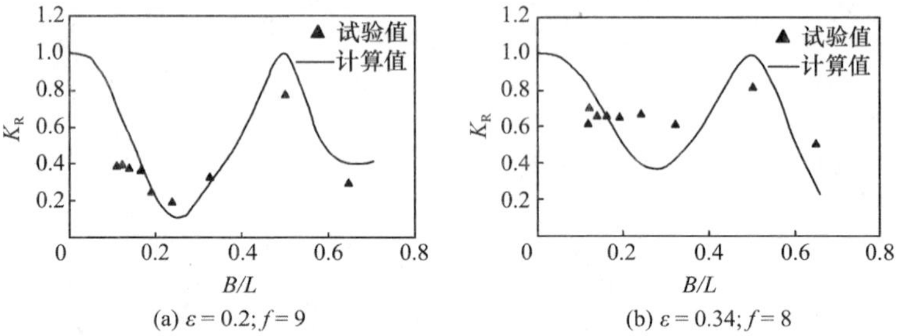

图 3.5　计算结果与 Kondo 等[22]试验结果比较

Fig. 3.5　Comparison between calculation results and experimental results of Kondo, *et al.*[22]

Zhu 等[23]试验测量了直立墙前带一可透海墙结构在规则波作用下的反射系数。试验水槽长 12 m、宽 30 cm、深 45 cm，试验水深为 32 cm。可透海墙模型由竖直布置的 12 根不锈钢条构成，每根钢条宽 0.2 cm，间隔约 0.5 cm，则 ε 约为 0.2；钢条沿波浪入射方向的厚度为 0.3 cm，所以开孔板的相对厚度 $\delta/d=0.0094$。图3.6 给出计算值和试验值的比较，最优的 f 取为 9.5。

作者也进行了规则波与局部开孔沉箱防波堤的物理模型试验。试验水槽为大连理工大学海岸和近海工程国家重点实验室的波流水槽，水槽长 56 m、宽 0.7 m、深 1 m，配有液压式不规则波造波机，周期范围 0.5～5 s。试验模型用有机玻璃制作，由 3 个箱体组成，一个为测力模型，尺寸为长 45 cm、宽 22 cm、高 75 cm，两个为辅助模型，尺寸为长 45 cm、宽 22.6 cm、高 75 cm。消浪室宽度 $B=15$、20、30 cm，前水深 $d=40$ cm。前板局部开孔，开孔位置在距模型底面 20 cm 以上的区域，开孔形式为横矩形孔，开孔板厚度 $\delta=1$ cm，其相对厚度 $\delta/d=0.025$，开孔率 $\varepsilon=0.2$、0.4。详细的试验条件在表 3.2 中列出。试验时，将模型固定在距造波机35 m处，中间测力模型用总压力计吊起约 1 cm，并避免与水槽底部和两侧模型接触。同时，沿水槽轴线在模型前不等间距地布置 5 个浪高仪来记录试验时的波面变化，各浪高仪与模型间距分别为 0.8、1.53、2.33、2.71 和 3.35 m，采用计算机控制系统采集波面信号与总波浪力信号，试验中没有越浪，波浪未破碎。试验同步测量了开孔沉箱的总水平波浪力和反射系数，其实这个试验与下一章要介绍的点压力试验是两个平行试验。这里用到反射系数的试验结果与计算结果进行比较，反射系数的试验值采用 Goda 等[24]的方法分离入反射波的波面时间历程线得到。试验结果与计算结果的比较如图 3.7 所示。在开孔率 $\varepsilon=0.2$，$f=8$ 时，理论值和试验值符合最好；当 $\varepsilon=0.4$ 时，最适宜的 f 取为 8.5。

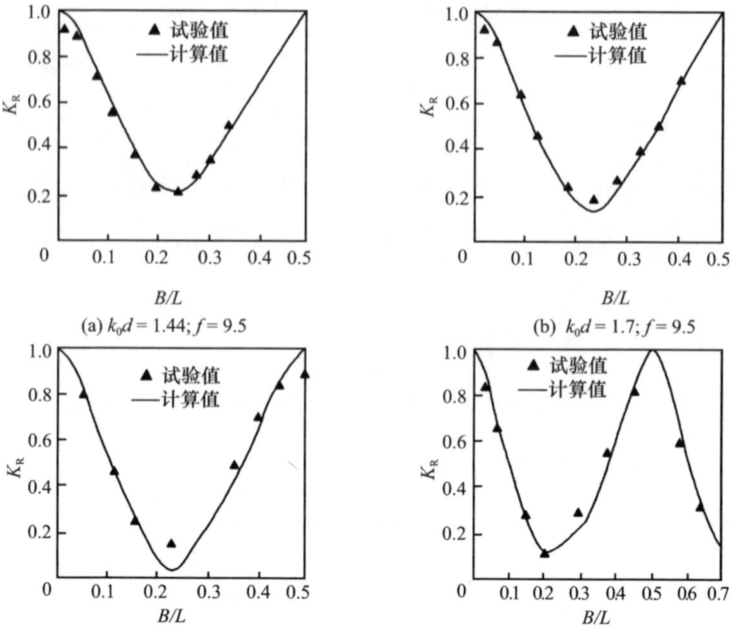

(a) $k_0d=1.44; f=9.5$　(b) $k_0d=1.7; f=9.5$

(c) $k_0d=2.08; f=9.5$　(d) $k_0d=2.66; f=9.5$

图 3.6　计算结果与 Zhu 等[23]试验结果比较

Fig. 3.6　Comparison between calculation results and experimental results of Zhu, *et al.*[23]

表 3.2　开孔沉箱试验的试验条件

Tab. 3.2　Experimental conditions of perforated caisson experiment

入射波周期 T/s	入射波波高 H/cm
0.86	6,8
1.00	6,8,10,12
1.20	6,8,10,12
1.40	6,8,10,12

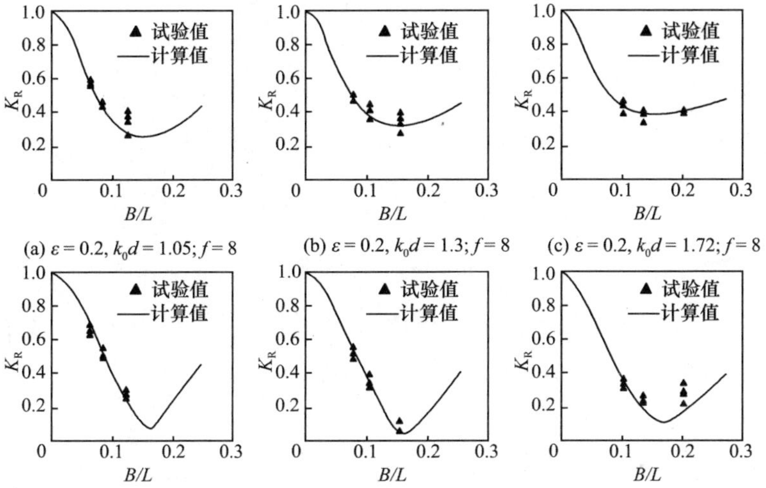

(a) $\varepsilon=0.2, k_0d=1.05; f=8$ (b) $\varepsilon=0.2, k_0d=1.3; f=8$ (c) $\varepsilon=0.2, k_0d=1.72; f=8$

(d) $\varepsilon=0.4, k_0d=1.05; f=8.5$ (e) $\varepsilon=0.4, k_0d=1.3; f=8.5$ (f) $\varepsilon=0.4, k_0d=1.72; f=8.5$

图 3.7 计算结果与开孔沉箱试验结果比较

Fig. 3.7 Comparison between calculation results and perforated caisson experimental results

在上述试验中，开孔板的开孔形状并不相同，包括了竖狭缝、圆孔和方孔。为了分析开孔形状等因素对阻力系数的影响，进行了另外一组试验：测量不同几何开孔形状和开孔率的开孔板在规则波作用下的反射系数和透射系数。模型试验在大连理工大学海岸和近海工程国家重点实验室的大波流水槽进行。水槽长 69 m、宽 2 m、深 1.8 m，一端安装有美国 MTS 公司制造的不规则波造波机，周期范围为 0.5～5 s，末端安装有消能网，在试验中可以很好地消波。水槽中在距离造波板 40 m 以后用薄木板分成 0.8 m 和 1.2 m宽两个区域，本书试验使用 0.8 m 宽的区域。开孔板用有机玻璃制作，板厚 1 cm、宽 0.8 m、高 0.7 m。开孔形状有竖条孔（ε=0.1、0.2、0.3、0.4）、横条孔（ε=0.2）和圆孔（ε=0.2）3 种。试验中

开孔板前水深 $d=35$ cm，厚度 $\delta=1$ cm，其相对厚度 $\delta/d=0.0286$。表 3.3 列出了详细的试验条件。图 3.8 给出试验安装图。试验时，将开孔板通过水槽顶部的钢架固定在距造波板 45 m 处。在开孔板前迎浪方向布置 4 个浪高仪来记录波面变化，在开孔板后方布置两个浪高仪测量透射波高。采用计算机控制系统采集波面信号，试验中没有越浪，波浪未破碎。选取合适的浪高仪组合，同样采用 Goda 等[24]的方法来分离入反射波，得到反射系数和透射系数。图 3.9 给出试验结果与计算结果的比较，图中横坐标为无因次波数 $k_0 d$，纵坐标代表透射系数 K_T 或反射系数 K_R。结果表明，当 $\varepsilon=0.1$、0.2 时，f 取为 9 使得计算结果和试验结果符合最好；当 $\varepsilon=0.3$、0.4 时，最适宜的 f 取为 8.5。

表 3.3 开孔板试验的试验条件

Tab. 3.3 Experimental conditions of perforated plate experiment

波高 H/cm	周期 T/s						
	0.95	1.00	1.20	1.40	1.60	1.80	2.00
6					√	√	√
8	√	√	√	√	√	√	√
10		√	√	√	√	√	√
12			√	√			

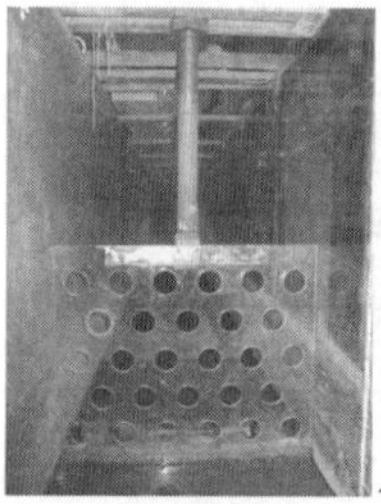
(a)开孔板安装图

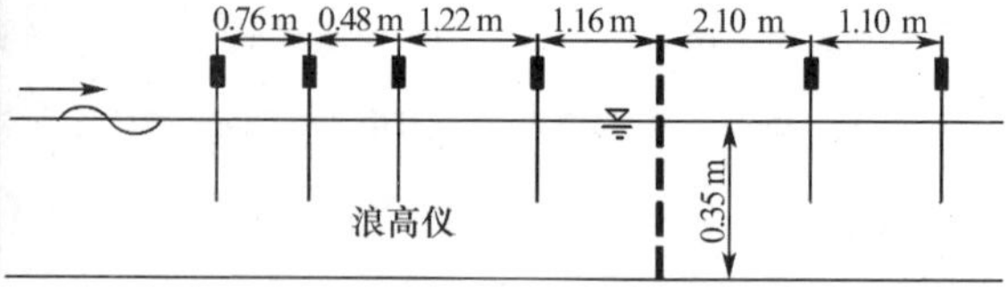

(b)浪高仪布置示意图

图 3.8 开孔板试验布置

Fig. 3.8 Experimental set-up of a perforated plate

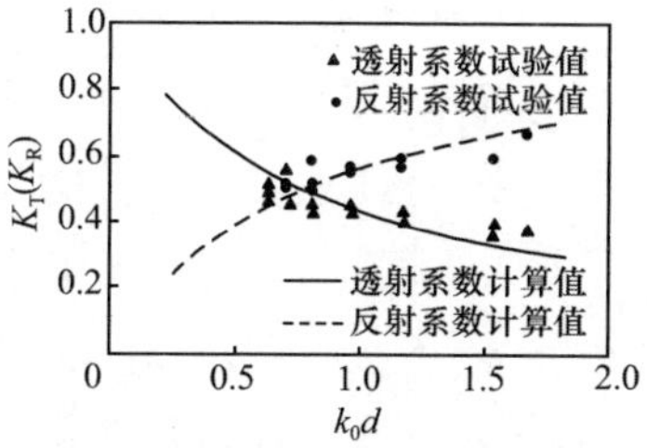

(a) $\varepsilon=0.1$，竖条孔；$f=9$

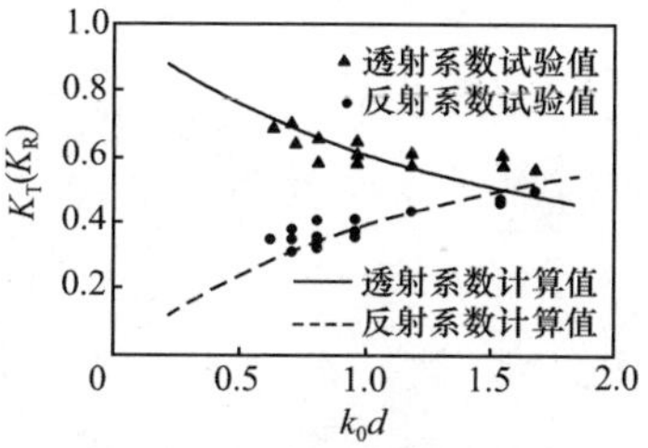

(b) $\varepsilon=0.2$，竖条孔；$f=9$

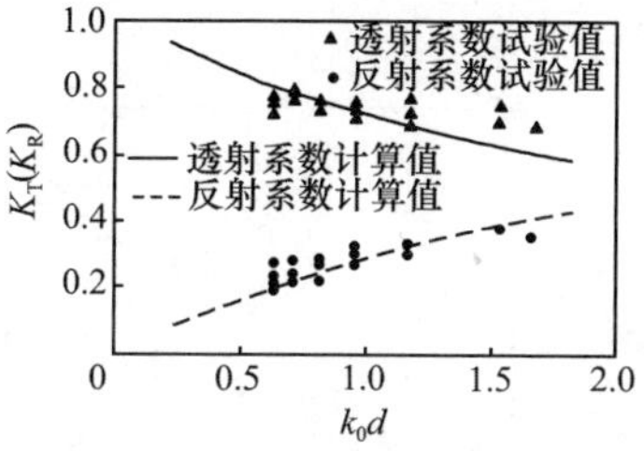

(c) $\varepsilon=0.3$，竖条孔；$f=8.5$

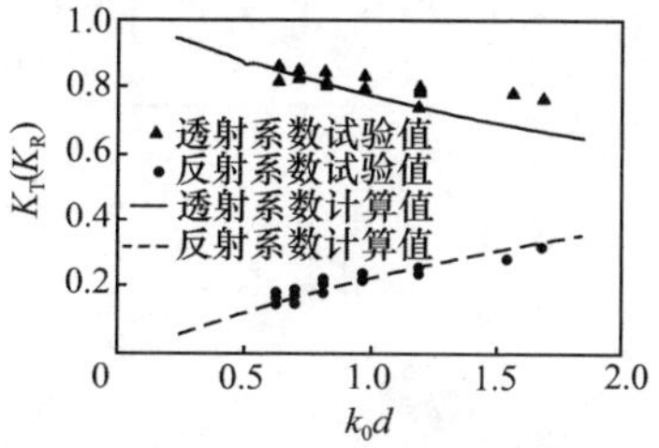

(d) $\varepsilon=0.4$，竖条孔；$f=8.5$

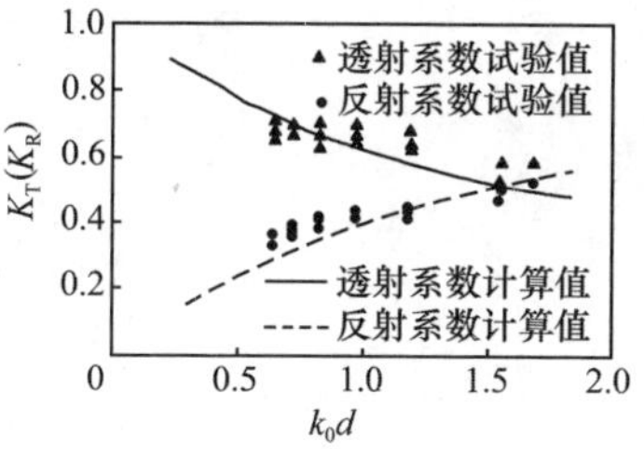

(e) $\varepsilon=0.2$，横条孔；$f=9$

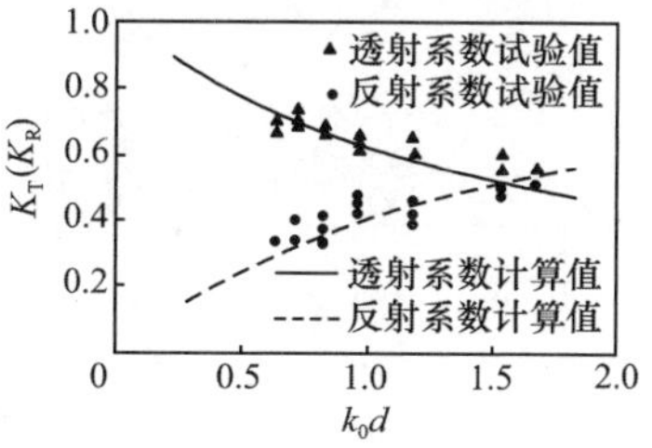

(f) $\varepsilon=0.2$，圆孔；$f=9$

图 3.9 计算结果与开孔板试验结果比较

Fig. 3.9 Comparison between calculation results and perforated plate experimental results

3.2.2 惯性力系数的确定

在上节已经提到，本书在最初分析中，同时考虑了 $C_m=0.34$ 和 $C_m=0$ 这两种情况。但是在经过初步的计算后，发现 $C_m=0(s=1)$对开孔薄板结构物更为适合。为了更好地说明问题，图 3.10 和 3.11 给出两组采用 $C_m=0.34$ 时计算结果和试验结果符合最好的算例。其中,图 3.10 中的试验条件与图 3.2 完全一致,图 3.11 中的试验条件与图 3.7 完全一致。通常,当 C_m 不同时,通过合理的选择 f,都可以得到与试验结果符合良好的理论计算值,这从图 3.11和图 3.7 的比较中可以看出来。但是,通过比较图 3.10 和图 3.2也可以看出,当开孔板的相对厚度较大时($\delta/d=0.05$),取 $C_m=0(s=1)$来计算开孔板的孔隙影响系数 G 更为合理,因此开孔板的惯性力系数 s 推荐取 1。

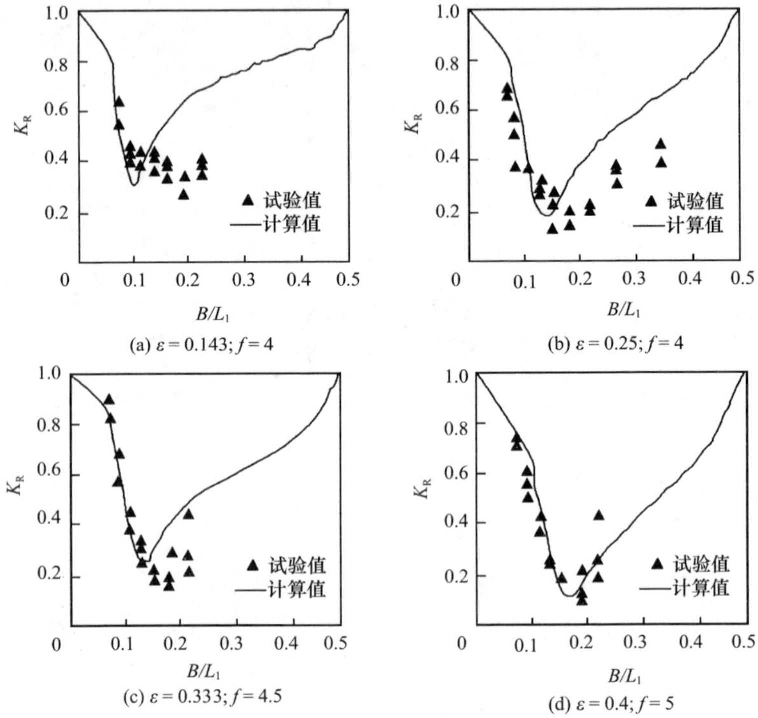

(a) $\varepsilon=0.143; f=4$

(b) $\varepsilon=0.25; f=4$

(c) $\varepsilon=0.333; f=4.5$

(d) $\varepsilon=0.4; f=5$

图 3.10 计算结果与 Tanimoto 等[21]试验结果比较($C_m=0.34$)

Fig. 3.10 Comparison between calculation results and experimental results of Tanimoto, *et al.*[21] ($C_m=0.34$)

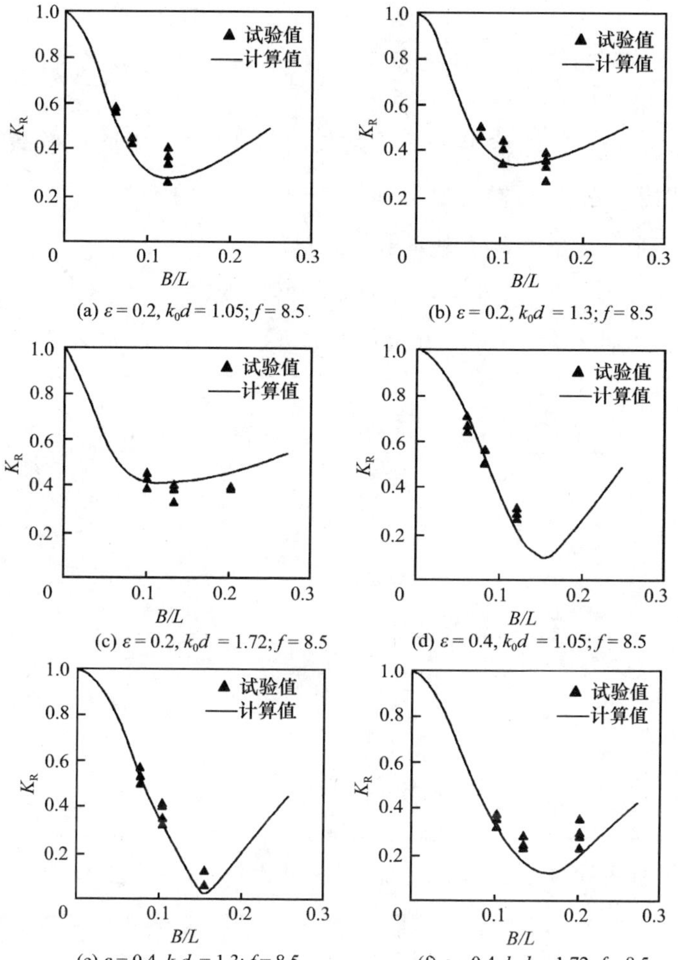

(a) $\varepsilon=0.2, k_0d=1.05; f=8.5$

(b) $\varepsilon=0.2, k_0d=1.3; f=8.5$

(c) $\varepsilon=0.2, k_0d=1.72; f=8.5$

(d) $\varepsilon=0.4, k_0d=1.05; f=8.5$

(e) $\varepsilon=0.4, k_0d=1.3; f=8.5$

(f) $\varepsilon=0.4, k_0d=1.72; f=8.5$

图 3.11 计算结果与开孔沉箱试验结果比较($C_m=0.34$)

Fig. 3.11 Comparison between calculation results and perforated caisson experimental results($C_m=0.34$)

3.3 孔隙影响系数的确定

通过上节计算结果与试验结果的对比，得到不同试验条件下线性化阻力系数 f，同时也得到惯性力系数 s 的推荐值为 1。所有前面得到的 f 在表 3.4 中列出。

表 3.4 不同试验条件下的 f

Tab. 3.4 Values of f at different experimental conditions

物理模型试验	开孔板相对厚度 δ/d	线性化阻力系数 f						
		0.100	0.133	0.200	0.250	0.300	0.340	0.400
Zhu 等[23]	0.009 4			9.5				
Kondo[22]	0.012 0			9.0			8.0	
开孔沉箱试验	0.025 0			8.0				8.5
开孔板试验	0.028 6	9.0		9.0		8.5		8.5
Tanimoto 等[21]	0.050 0		3.5		3.5		4.0	5.0
	0.100 0,0.150 0				2.0			

在前面计算结果与试验结果的对比中，在不同的入射波条件下，对于每一种开孔板都是把 f 取为一个固定值来计算相应的反射系数和透射系数。从前面的比较图中可以看出，此时计算结果与试验结果大部分符合良好。还可以从图 3.3 中看出，对于开孔率为 0.25 的开孔板，当开孔板淹没深度不同时（$b/d=0.333\sim1$），f 并无变化，均为 3.5。可见，在前面所涉及的试验条件下，其实也就是在常见的工程范围内，开孔板阻力系数与波浪参数的相关性并不明显。Li 等[15-16]试验结果也已表明入射波高对孔隙影响系数

的影响很小。

从本书的开孔板试验中还可以看出，不同的开孔形状对阻力系数并无明显影响。如图 3.9(b)、(e)和(f)所示，当开孔率相同时，开孔形状为竖条孔、横条孔或者圆孔对反射系数和透射系数的试验结果影响很小，相应地对阻力系数 f 的影响也很小，3 种情况下 f 均为 9。在孔隙影响系数 G 的理论推导中是把开孔板视为刚性多孔介质，因此，开孔板的开孔形式的不同，其实就是表示多孔介质中颗粒的形状和排列不同，而这种颗粒形状和排列形式的改变对流动的影响并不明显[22]。

从前面的比较中可以看出，开孔率对阻力系数存在一定影响，如图 3.12 所示。可以看出，在 Tanimoto 等[21]与本书的局部开孔沉箱试验中，阻力系数随开孔率的增加而增大。但是，在 Kondo[22]的全开孔沉箱试验和作者的开孔板试验中，阻力系数随开孔率的增加而减少。这就似乎难以确定阻力系数和开孔率的确切关系，但是从图 3.12 还可以看出，开孔率 ε 为 0.1～0.25(工程常用范围)，ε 变化对 f 的影响不大。Isaacson 等[13-14]的研究也表明阻力系数对开孔率变化并不敏感。本书的目的是给出工程常用范围内孔隙影响系数的简单确定方法，因此在这里忽略开孔率对阻力系数的影响。

不考虑开孔率的影响，图 3.13 给出阻力系数随开孔板相对厚度的变化。可以看出，对于开孔板而言，阻力系数随着相对板厚的减少而增大，但是当相对板厚大于 0.1 时，阻力系数趋于常数 2。需要指出的是，工程中出于经济和安全性两方面的考虑，开孔沉箱的前开孔墙不可能做得太厚或者太薄，30～50 cm 应该是一个比较合理的选择。因此这里取用 $\delta/d \leqslant 0.05$ 时的阻力系数值，基于最

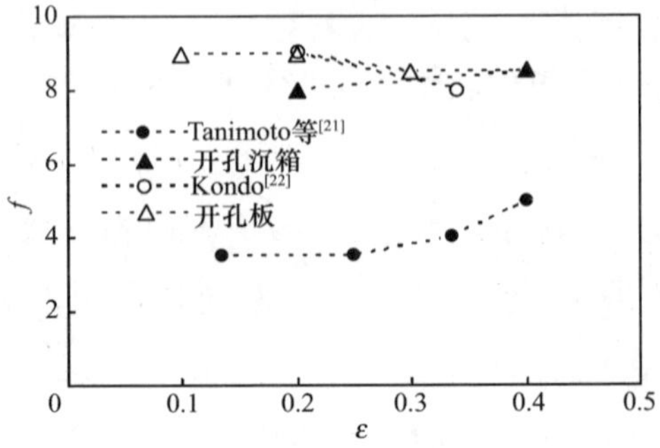

图 3.12　开孔率对阻力系数的影响

Fig. 3.12　Effect of porosity on resistance coefficient

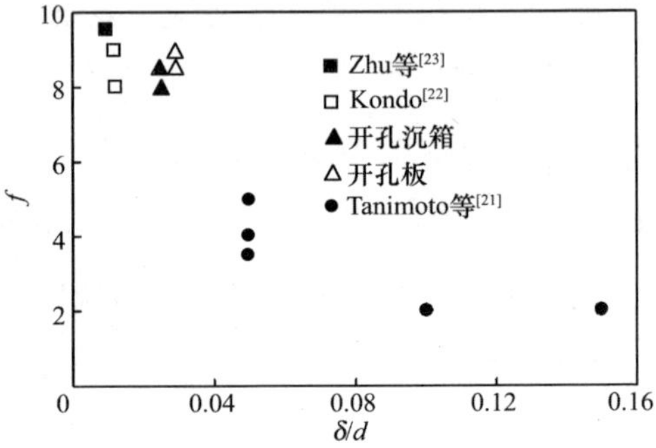

图 3.13　开孔板相对厚度对阻力系数的影响

Fig. 3.13　Effect of perforated plate relative thickness on the resistance coefficient

小二乘法原理给出阻力系数和开孔板相对厚度的关系式：

$$f=-3\,338.7\left(\frac{\delta}{d}\right)^2+82.769\left(\frac{\delta}{d}\right)+8.711;0.009\,4\leqslant\frac{\delta}{d}\leqslant0.05 \tag{3.6}$$

式(3.6)的相关系数为 0.96。图 3.14 给出式(3.6)的计算结果与试验中得到的阻力系数的比较，可以看出，两者符合较好。

现在，取惯性力系数 $s=1$，利用式(3.1)、(3.6)就可以计算出不同条件下开孔板孔隙影响系数 G。作者采用本书方法对 Li 等[15]试验条件下开孔板的孔隙影响系数进行了计算，并与他们得到的 G 进行了比较。表 3.5 给出相应的比较结果，其中水深为 40 cm，开孔板厚度为 1 cm。Li 等[15]采用的测量 G 的方法如下：通过试验测得开孔板的反射系数和透射系数，然后利用式(3.3)、(3.4)来反算出孔隙影响系数。从表 3.5 可以看出，这两种方法得到的孔隙影响系数是很接近的，这也是对本书孔隙影响系数确定方法合理性一个证明。

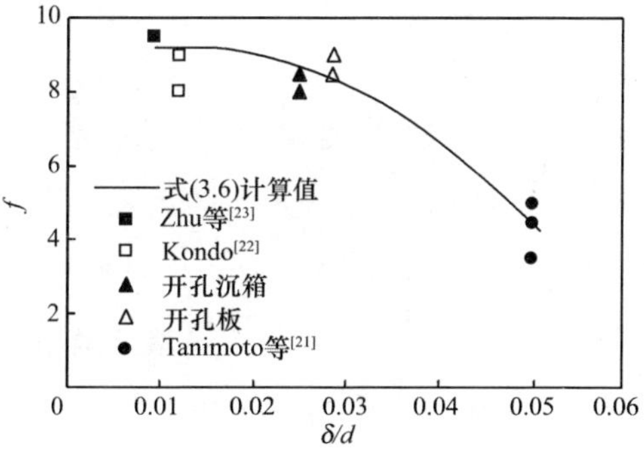

图 3.14 式(3.6)计算与试验结果的比较

Fig. 3.14 Comparison between calculation results and experimental results of eq. (3.6)

表 3.5 两种方法的比较

Tab. 3.5 Comparison of two methods

入射波周期 T/s	孔隙影响系数 G			
	本书方法		Li 等[15]方法	
	$\varepsilon=0.2$	$\varepsilon=0.4$	$\varepsilon=0.2$	$\varepsilon=0.4$
1.40	0.86+0.09i	1.73+0.20i	0.79+0.05i	1.88+0.51i
1.20	0.70+0.08i	1.40+0.16i	0.69+0.00i	1.85+0.00i
1.00	0.53+0.06i	1.06+0.12i	0.68+0.00i	1.09+0.00i
0.86	0.41+0.05i	0.81+0.09i	0.65+0.00i	0.85+0.00i

4　规则波与带填料局部开孔沉箱的相互作用

在实际工程中，出于结构物稳定性要求，通常只是将沉箱的前墙在上部水位变动区开孔，下边不开孔的沉箱内部区域填充块石或混凝土块加载，然后将整个沉箱放置于经过整平的抛石基床上。因此，相对于实体结构而言，波浪作用下开孔沉箱垂直方向的受力变得更为复杂，包括由基床内渗流引起的作用于沉箱底板的浮托力和进入消浪室内的水体对底板上表面产生的动水压力两部分。同时，开孔沉箱结构的自重相对于实体沉箱而言大大减轻，对其垂直波浪力的关注就显得尤为重要。

已有的波浪与开孔墙式防波堤相互作用的成果主要集中于结构物的反射系数和水平波浪力，关于开孔沉箱的垂直方向受力的理论研究尚未见诸报道。另外，在以往的研究中，由于只是关心水平波浪力和反射系数，因此都是把局部开孔沉箱消浪室底部的填料作为不透水结构来处理。但是，要计算消浪室内的水体对底板上表面产生的动水压力，就必须要考虑填料内的渗流场。本章将采用理论分析和数值计算相结合的方法来综合研究暗基床上带填料局部开孔沉箱的反射系数、水平波浪力和垂直方向受力。首先假定基床表面不可渗，用特征函数展开方法得到上部波浪场（包括内部填料的渗流场）的理论解，并用理论解求得基床内渗流的压力边界条件，再用有限元方法数值求解基床内渗流场。反射系数和水平波浪力的计算结果通过物理模型试验进行了验证，并利用计算结果和试验结果对反射系数和水平波浪力的主要影响因素进行了分析。

4.1　数学模型的建立与求解

4.1.1　波浪场的理论分析

假定基床表面不可渗，图 4.1 给出这一问题理想化的示意图。内部带填料的局部开孔沉箱防波堤受到从左向右正向入射规则波的作用。入射波波高为 H，波长为 L，周期为 T；沉箱前水深为 d，沉箱前墙开孔深度为 b，消浪室内填充块石厚度为 a，故 $d=a+b$；消浪室宽度为 B，整个沉箱宽度为 B_1。采用二维笛卡尔坐标系描述该问题，其中坐标原点 O 位于静水面与消浪室后墙交点处，x 轴水平向右，z 轴垂直向上。为了求解方便，将整个流域分成 3 个区域：区域①为开孔沉箱前的波浪场；区域②为消浪室内填料以上区域的波浪场；区域③为内部填料区域的渗流场。在考虑波浪与整个开孔墙式防波堤作用时，前开孔墙厚度相对于入射波波长来说很小，因此忽略不计。

假定流体是无黏不可压缩的理性流体，流体的运动是无旋的。考虑角频率为 ω 的规则波作用，各区域内流体运动的速度势和动水压力可以分别为

$$\Phi_j(x,z,t)=\mathrm{Re}[\varphi_j(x,z)\mathrm{e}^{-\mathrm{i}\omega t}];j=1,2,3 \qquad (4.1)$$

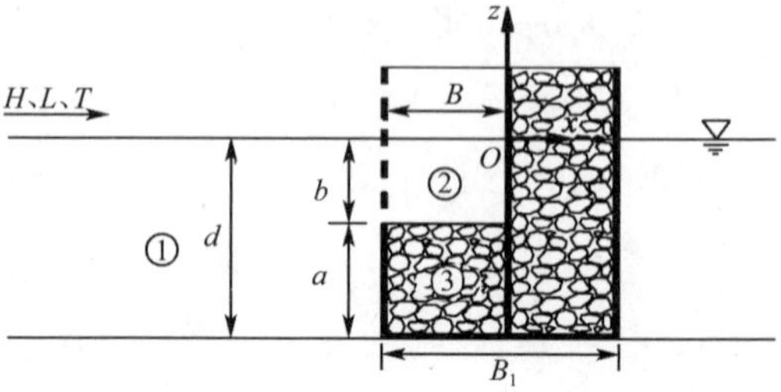

图 4.1　带填料开孔沉箱示意图

Fig. 4.1　Sketch of a perforated caisson with rock fill

$$P_j(x,z,t)=\mathrm{Re}[p_j(x,z)\mathrm{e}^{-\mathrm{i}\omega t}];j=1,2,3 \tag{4.2}$$

其中 $\varphi_j(x,z)$ 和 $p_j(x,z)$ 分别为与时间无关的空间速度势和动水压力，下标 j 用来代表区域 j 内的变量。

在每个子域内，速度势 $\varphi_j(x,z)$ 均满足拉普拉斯方程：

$$\frac{\partial^2\varphi_j(x,z)}{\partial x^2}+\frac{\partial^2\varphi_j(x,z)}{\partial z^2}=0;j=1,2,3 \tag{4.3}$$

速度势还应该满足相应的边界条件。在静水面处，线性化自由水面条件为

$$\frac{\partial\varphi_j}{\partial z}=\frac{\omega^2}{g}\varphi_j,z=0;j=1,2 \tag{4.4}$$

其中 g 为重力加速度。在不可透的水底，边界条件为

$$\frac{\partial\varphi_j}{\partial z}=0,z=-d;j=1,3 \tag{4.5}$$

在左边无穷远处的辐射边界条件为

$$\frac{\partial\varphi_{\mathrm{R}}}{\partial x}=-\mathrm{i}k_0\varphi_{\mathrm{R}},x\to-\infty \tag{4.6}$$

其中 φ_{R} 代表反射波的速度势，k_0 为入射波的波数。消浪室后实体墙处不可穿透物面条件为

$$\frac{\partial\varphi_j}{\partial x}=0,x=0;j=2,3 \tag{4.7}$$

在区域②和③交界处的流体质量守恒方程和压力连续条件分别为

$$\frac{\partial \varphi_2}{\partial z}=\varepsilon_{\mathrm{r}}\frac{\partial \varphi_3}{\partial z},z=-b \tag{4.8}$$

$$\varphi_2=(s_{\mathrm{r}}+\mathrm{i}f_{\mathrm{r}})\varphi_3,z=-b \tag{4.9}$$

其中 ε_{r}、f_{r} 和 s_{r} 分别为填料（多孔介质）的孔隙率、线性化阻力系数和惯性力系数，下标 r 代表与内部填料（rock fill）有关的量。开孔沉箱内、外子域的速度势在前墙满足匹配边界条件：

$$\frac{\partial \varphi_1}{\partial x}=\frac{\partial \varphi_2}{\partial x},x=-B \tag{4.10}$$

$$\frac{\partial \varphi_1}{\partial x}=\begin{cases}\mathrm{i}k_0G(\varphi_1-\varphi_2); & -b\leqslant z\leqslant 0\\ 0; & -d\leqslant z<-b\end{cases},x=-B \tag{4.11}$$

应用分离变量法，在区域①内满足控制方程(4.3)和边界条件(4.4)～(4.6)的速度势可以写为

$$\varphi_1=-\frac{\mathrm{i}gH}{2\omega}\left[Z_0(z)\mathrm{e}^{\mathrm{i}k_0(x+B)}+R_0Z_0(z)\mathrm{e}^{-\mathrm{i}k_0(x+B)}+\sum_{m=1}^{\infty}R_mZ_m(z)\mathrm{e}^{k_m(x+B)}\right] \tag{4.12}$$

其中 $R_m(m=0,1,2,\cdots)$ 是未知的特征展开系数，$Z_m(z)(m=0,1,2,\cdots)$ 是沿水深方向的特征函数：

$$Z_m(z)=\begin{cases}\cosh k_0(z+d)/\cosh k_0d; & m=0\\ \cos k_m(z+d)/\cos k_md; & m\neq 0\end{cases} \tag{4.13}$$

特征函数系 $Z_m(z)(m=0,1,2,\cdots)$ 在区间 $[-d,0]$ 上正交：

$$\int_{-d}^{0}Z_i(z)Z_j(z)\mathrm{d}z=\begin{cases}\dfrac{1}{\cosh^2k_0d}\left(\dfrac{d}{2}+\dfrac{\sinh 2k_0d}{4k_0}\right); & i=j=0\\ \dfrac{1}{\cos^2k_md}\left(\dfrac{d}{2}+\dfrac{\sin 2k_md}{4k_m}\right); & i=j=m=1,2,\cdots\\ 0; & i\neq j\end{cases} \tag{4.14}$$

波数 k_0 和 $k_m(m=1,2,\cdots)$ 为正实数，满足色散方程：

$$\omega^2 = gk_0 \tanh k_0 d = -gk_m \tan k_m d\,;m=1,2,\cdots \tag{4.15}$$

在速度势 φ_1 的表达式(4.12)中的第 1 项表示向右传播的入射波，第 2 项表示向左传播的反射波，第 3 项表示非传播模态，随着向左离开建筑物距离的增加呈指数衰减。

在区域②③内满足控制方程(4.3)和边界条件(4.4)、(4.5)以及(4.7)～(4.9)的速度势可以写为

$$\varphi_2 = -\frac{\mathrm{i}gH}{2\omega}\sum_{n=0}^{\infty} A_n U_n(z)\cos \lambda_n x \tag{4.16}$$

$$\varphi_3 = -\frac{\mathrm{i}gH}{2\omega}\sum_{n=0}^{\infty} A_n D_n(z)\cos \lambda_n x \tag{4.17}$$

其中 $A_n(n=0,1,2,\cdots)$ 是未知的特征展开系数，$U_n(z)$、$D_n(z)(n=0,1,2,\cdots)$ 是开孔沉箱内部沿垂直方向的特征函数：

$$U_n(z) = \frac{\cosh \lambda_n(z+d) - P_n \sinh \lambda_n(z+d)}{\cosh \lambda_n d - P_n \sinh \lambda_n d} \tag{4.18}$$

$$D_n(z) = \frac{1-P_n \tanh \lambda_n a}{s_{\mathrm{r}}+\mathrm{i}f_{\mathrm{r}}}\frac{\cosh \lambda_n(z+d)}{\cosh \lambda_n d - P_n \sinh \lambda_n d} \tag{4.19}$$

$$P_n = \frac{\left(1-\frac{\varepsilon_{\mathrm{r}}}{s_{\mathrm{r}}+\mathrm{i}f_{\mathrm{r}}}\right)\tanh \lambda_n a}{1-\frac{\varepsilon_{\mathrm{r}}}{s_{\mathrm{r}}+\mathrm{i}f_{\mathrm{r}}}\tanh^2 \lambda_n a} \tag{4.20}$$

复波数 $\lambda_n(n=0,1,2,\cdots)$ 满足水波在多孔介质上运动的复色散方程[25]：

$$\omega^2 - g\lambda_n \tanh \lambda_n d = P_n(\omega^2 \tanh \lambda_n d - g\lambda_n)\,;n=0,1,2,\cdots \tag{4.21}$$

色散方程(4.15)和(4.21)可以采用牛顿-下山法迭代求解。

在求解时,必须先给出各个根的初值。方程(4.15)的根为实数和纯虚数,其初值位于坐标轴上,所以很容易给出。但是方程(4.21)的根是复数,其初值位于复平面上,因此确定其所有根的合理初值有一定难度。这里采用 Mendez 等[26]的方法来确定复色散方程(4.21)根的初值,附录给出该方法的简单介绍。

未知的特征展开系数 R_m 和 A_n 均为复数,需要通过匹配开孔沉箱前墙处的边界条件(4.10)和(4.11)来得到。

将各区域内速度势的表达式代入式(4.10)可得

$$\mathrm{i}k_0 Z_0(z) - \mathrm{i}k_0 R_0 Z_0(z) + \sum_{m=1}^{\infty} k_m R_m Z_m(z) = \begin{cases} \sum\limits_{n=0}^{\infty} \lambda_n A_n \sin \lambda_n B U_n(z); & -b \leqslant z \leqslant 0 \\ \sum\limits_{n=0}^{\infty} \lambda_n A_n \sin \lambda_n B D_n(z); & -d \leqslant z < -b \end{cases} \tag{4.22}$$

将方程(4.22)两边乘上特征函数系 $Z_m(z)(m=0,1,2,\cdots)$,然后沿水深方向从 $-d \sim 0$ 进行积分,并在积分运算中使用特征函数系 $Z_m(z)$ 的正交关系(4.14),最后将结构物内外速度势的展开项 m 和 n 分别截断到 M 和 N 项,便可得到一个线性方程组:

$$\{a_m\}_{M+1} + \{R_m\}_{M+1} = [b_{mn}]_{(M+1)\times(N+1)} \{A_n\}_{N+1} \tag{4.23}$$

其中

$$a_m = \begin{cases} -1; & m=0 \\ 0; & m=1,2,\cdots,M \end{cases}$$

$$b_{mn} = \frac{\lambda_n \sin \lambda_n B \left[\int_{-b}^{0} Z_m(z) U_n(z) \mathrm{d}z + \int_{-d}^{-b} Z_m(z) D_n(z) \mathrm{d}z \right]}{\bar{k}_m \int_{-d}^{0} Z_m^2(z) \mathrm{d}z}$$

$$\bar{k}_m = \begin{cases} -\mathrm{i}k_0; & m = 0 \\ k_m; & m = 1,2,\cdots,M \end{cases}$$

$$m=0,1,\cdots,M, n=0,1,\cdots,N$$

将各区域内速度势的表达式代入式(4.11)可得

$$-\bar{k}_0 Z_0(z) + \sum_{m=0}^{\infty} \bar{k}_m R_m Z_m(z) = \begin{cases} \mathrm{i}k_0 G\left[Z_0(z) + \sum_{m=0}^{\infty} R_m Z_m(z)\right] - \\ \quad \mathrm{i}k_0 G \sum_{n=0}^{\infty} A_n U_n(z) \cos \lambda_n B; & -b \leqslant z \leqslant 0 \\ 0; & -d \leqslant z < -b \end{cases} \tag{4.24}$$

将方程(4.24)两边也乘上特征函数系 $Z_m(z)(m=0,1,2,\cdots)$,采用方程(4.22)类似的处理方法,可得到另外一个线性方程组:

$$\{c_m\}_{M+1} + [d_{mn}]_{(M+1)\times(M+1)} \{R_m\}_{M+1} = [e_{mn}]_{(M+1)\times(N+1)} \{A_n\}_{N+1} \tag{4.25}$$

其中

$$c_m = (-\bar{k}_0 - \mathrm{i}\bar{k}_0 G)\int_{-b}^{0} Z_0(z) Z_m(z)\mathrm{d}z - \bar{k}_0 \int_{-d}^{-b} Z_0(z) Z_m(z)\mathrm{d}z;$$

$m = 0,1,\cdots,M$

$$d_{mn} = (\bar{k}_n - \mathrm{i}k_0 G)\int_{-b}^{0} Z_m(z) Z_n(z)\mathrm{d}z + \bar{k}_n \int_{-d}^{-b} Z_m(z) Z_n(z)\mathrm{d}z;$$

$m = 0,1,\cdots,M, n = 0,1,\cdots,N$

$$e_{mn} = -\mathrm{i}k_0 G\cos \lambda_n B \int_{-b}^{0} Z_m(z) U_n(z)\mathrm{d}z; m = 0,1,\cdots,M, n = 0,$$

$1,\cdots,N$

通过求解线性方程组(4.23)和(4.25)可以得到特征展开系数 R_m 和 A_n,便可计算出各区域内的速度势。

整个流域内任一点的动水压力和速度势满足伯努利方程：

$$p=\mathrm{i}\rho\omega(s+\mathrm{i}f)\varphi \tag{4.26}$$

其中 ρ 为水体密度。开孔沉箱前海床（基床）面上的动水压力可写为

$$p_1(x,-d)=\mathrm{i}\rho\omega\varphi_1(x,-d)=$$

$$\frac{\rho g H}{2}\left[\frac{\mathrm{e}^{\mathrm{i}k_0(x+B)}+R_0\mathrm{e}^{-\mathrm{i}k_0(x+B)}}{\cosh k_0 d}+\sum_{m=1}^{M}\frac{R_m\mathrm{e}^{k_m(x+B)}}{\cos k_m d}\right] \tag{4.27}$$

4.1.2 基床内渗流场的数值计算

图 4.2 为开孔沉箱底部暗基床的理想化示意图，仍采用图 4.1 中定义的坐标系。将暗基床定义为区域 Ω，基床边界为 Γ，其中基床的前基肩为边界 Γ_1，后基肩为边界 Γ_3，基床与沉箱底板和周围海床的接触面为边界 Γ_2。

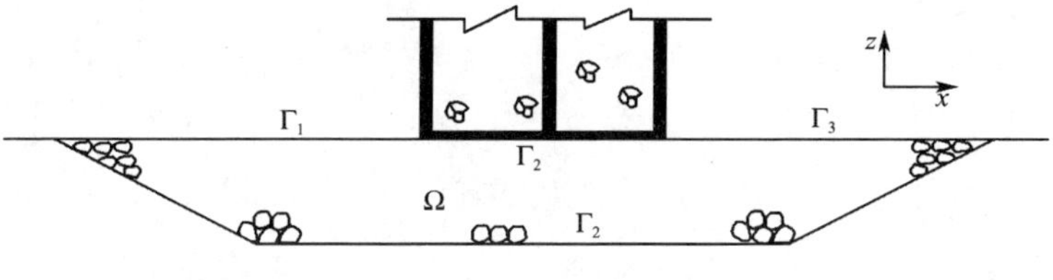

图 4.2 暗基床示意图

Fig. 4.2 Sketch of a rubble fill foundation

基床内流体运动可用速度势 $\varphi_\Omega(x,z)$ 来描述。$\varphi_\Omega(x,z)$ 满足拉普拉斯方程，根据伯努利方程（4.26），可知基床内的动水压力同样满足拉普拉斯方程：

$$\frac{\partial^2 p_\Omega(x,z)}{\partial x^2}+\frac{\partial^2 p_\Omega(x,z)}{\partial z^2}=0 \tag{4.28}$$

这里把基床假定为均匀、各向同性的刚性多孔介质。动水压力还

应满足相应的边界条件。边界 Γ_1 处的压力已由式(4.27)算出：

$$p_\Omega(x,-d)=p_1(x,-d);x\in\Gamma_1 \tag{4.29}$$

这里动水压力为复数，其中包含了上面波浪场的相位信息。在后基肩表面 Γ_3 上，可将压力忽略为0：

$$p_\Omega=0;x\in\Gamma_3 \tag{4.30}$$

海床的渗透性相对于填石基床是十分小的，将其忽略，则在抛石基床与周围海床和沉箱底板交界面 Γ_2 上的不可穿透边界条件可以写为

$$\frac{\partial p_\Omega}{\partial \boldsymbol{n}}=0;x\in\Gamma_2 \tag{4.31}$$

其中 $\boldsymbol{n}=(n_x,n_z)$，表示边界 Γ_2 上的单位法向矢量。

方程(4.28)～(4.31)形成一个新的边值问题。区域 Ω 的形状并不规则，难以得到理论解，这里用加权余量的伽辽金法建立该问题的有限元格式[27]，进行数值求解。

假定计算域内压力的近似值为 $\tilde{p}$，则将 $\tilde{p}$ 代入式(4.28)～(4.31)中要产生余量。设在构造压力近似值时已满足边界 Γ_1 和 Γ_3 上的压力边界条件(第一类边界条件)，则 Γ_1 和 Γ_3 上的余量为0，因此只需将控制方程(4.28)和边界 Γ_2(第二类边界条件)上的余量加权积分，使其等于0：

$$\int_\Omega\left(\frac{\partial^2\tilde{p}}{\partial x^2}+\frac{\partial^2\tilde{p}}{\partial z^2}\right)\varphi_1\,\mathrm{d}\Omega+\int_{\Gamma_2}\frac{\partial\tilde{p}}{\partial\boldsymbol{n}}\varphi_2\,\mathrm{d}\Gamma=0 \tag{4.32}$$

其中 φ_1 和 φ_2 为权函数。用格林式对式(4.32)中第1项做分部积分可得

$$-\int_\Omega\left(\frac{\partial\varphi_1}{\partial x}\frac{\partial\tilde{p}}{\partial x}+\frac{\partial\varphi_1}{\partial z}\frac{\partial\tilde{p}}{\partial z}\right)\mathrm{d}\Omega+\int_{\Gamma_1+\Gamma_3}\varphi_1\frac{\partial\tilde{p}}{\partial\boldsymbol{n}}\mathrm{d}\Gamma+$$

$$\int_{\Gamma_2}\varphi_1\frac{\partial\tilde{p}}{\partial\boldsymbol{n}}\mathrm{d}\Gamma+\int_{\Gamma_2}\varphi_2\frac{\partial\tilde{p}}{\partial\boldsymbol{n}}\mathrm{d}\Gamma=0 \tag{4.33}$$

采用平面四节点等参元对区域 Ω 进行离散，单元内任意点的动水压力可以用 4 个节点上的压力值来插值近似：

$$p_\Omega \approx \tilde{p} = \sum_{i=1}^{4} N_i p_i = \boldsymbol{N}\boldsymbol{p}^e \tag{4.34}$$

式中：$\boldsymbol{N}=(N_1 \quad N_2 \quad N_3 \quad N_4)$，$\boldsymbol{p}^e=(p_1 \quad p_2 \quad p_3 \quad p_4)^{\mathrm{T}}$，$p_i$ 代表单元节点 i 上的压力，N_i 为形函数，在单元局部坐标(ξ,η)下可表示为

$$N_i=\frac{1}{4}(1+\xi_i\xi)(1+\eta_i\eta);i=1,2,3,4 \tag{4.35}$$

其中 (ξ_i,η_i)为单元各节点的局部坐标值。在每个单元内选择权函数

$$\varphi_1=N_j;j=1,2,3,4 \tag{4.36}$$

在计算域边界上，可不失一般性地选择

$$\varphi_2=-\varphi_1=-N_j \tag{4.37}$$

前面已提到，边界 Γ_1 和 Γ_3 上不产生余量，所以可令权函数 φ_1 在边界 Γ_1 和 Γ_3 上为 0。将式(4.35)～(4.37)代入方程(4.33)，并改写成在各单元 Ω^e 内积分的总和：

$$\sum_e \int_{\Omega^e}\left[\left(\frac{\partial \boldsymbol{N}}{\partial x}\right)^{\mathrm{T}}\frac{\partial \boldsymbol{N}}{\partial x}+\left(\frac{\partial \boldsymbol{N}}{\partial z}\right)^{\mathrm{T}}\frac{\partial \boldsymbol{N}}{\partial z}\right]\boldsymbol{p}^e \mathrm{d}\Omega=0 \tag{4.38}$$

可得到一个线性方程组：

$$[K_{ij}]\{p_k\}=0 \tag{4.39}$$

其中$\{p_k\}=(p_1 \quad p_2 \quad \cdots \quad p_n)^{\mathrm{T}}$ 为计算域内所有节点压力阵，$[K_{ij}]$由各单元内相应的矩阵集合而成。

$$K_{ij}=\sum_e \int_{\Omega^e}\left(\frac{\partial N_i}{\partial x}\frac{\partial N_j}{\partial x}+\frac{\partial N_i}{\partial z}\frac{\partial N_j}{\partial z}\right)\mathrm{d}\Omega \tag{4.40}$$

上式中形函数对总体坐标(x,y)的导数需转换到各单元局部坐标

(ξ,η)下进行计算：

$$\begin{pmatrix} \dfrac{\partial N_i}{\partial x} \\ \dfrac{\partial N_i}{\partial z} \end{pmatrix} = \boldsymbol{J}^{-1} \begin{pmatrix} \dfrac{\partial N_i}{\partial \xi} \\ \dfrac{\partial N_i}{\partial \eta} \end{pmatrix} \tag{4.41}$$

$\boldsymbol{J}$ 为雅可比矩阵：

$$\boldsymbol{J} = \begin{pmatrix} \dfrac{\partial N_1}{\partial \xi} & \dfrac{\partial N_2}{\partial \xi} & \dfrac{\partial N_3}{\partial \xi} & \dfrac{\partial N_4}{\partial \xi} \\ \dfrac{\partial N_1}{\partial \eta} & \dfrac{\partial N_2}{\partial \eta} & \dfrac{\partial N_3}{\partial \eta} & \dfrac{\partial N_4}{\partial \eta} \end{pmatrix} \begin{pmatrix} x_1 & x_2 & x_3 & x_4 \\ y_1 & y_2 & y_3 & y_4 \end{pmatrix}^{\mathrm{T}} \tag{4.42}$$

其中 $(x_i, y_i)(i=1,2,3,4)$为各单元节点在总体坐标中的坐标值。

求解线性方程组(4.39)便可以得到各单元节点上的动水压力值，利用式(4.34)可以进一步得到整个计算域内任意点的动水压力值。

4.1.3 反射系数和波浪力计算

规则波的反射系数 K_{R} 定义为反射波波高与入射波波高的比值。开孔沉箱前速度势的表达式(4.12)中的第 1 项代表入射波，第 2 项代表反射波，这在前文已经提到，因此反射系数的表达式为

$$K_{\mathrm{R}} = |R_0| \tag{4.43}$$

开孔沉箱内、外流场内任意点的动水压力值可以由式(4.26)计算得到。沿结构物表面对压力进行积分，可以计算出开孔沉箱上的总水平波浪力和总垂直波浪力。定义总水平波浪力的正方向水平向右，总垂直波浪力的正方向垂直向上。需要指出的是，在本章中所涉及的水平和垂直波浪力是指沿开孔墙式防波堤长度方向的单位值。

总水平波浪力 F_x 由 4 部分组成：

$$F_x = F_a + F_b - F_c + F_d \tag{4.44}$$

式中：F_a 表示由前墙开孔部分压差产生的水平波浪力，F_b 和 F_c 分别为前墙不开孔部分迎浪面和背浪面所受水平波浪力，F_d 为消浪室后墙上的水平波浪力。各部分表达式如下：

$$F_a = \frac{\rho g H}{\mathrm{i}2k_0 G}\left[\frac{\mathrm{i}k_0(1-R_0)(\sinh k_0 d - \sinh k_0 a)}{k_0 \cosh k_0 d} + \sum_{m=1}^{M}\frac{k_m R_m(\sin k_m d - \sin k_m a)}{k_m \cos k_m d}\right]$$

$$F_b = \frac{\rho g H}{2}\left[\frac{(1+R_0)\sinh k_0 a}{k_0 \cosh k_0 d} + \sum_{m=1}^{M}\frac{R_m \sin k_m a}{k_m \cos k_m d}\right]$$

$$F_c = \frac{\rho g H}{2}\sum_{n=0}^{N}\frac{A_n \cos \lambda_n B(1-P_n \tanh \lambda_n a)\sinh \lambda_n a}{\lambda_n(\cosh \lambda_n d - P_n \sinh \lambda_n d)}$$

$$F_d = \frac{\rho g H}{2}\sum_{n=0}^{N}\frac{A_n(\sinh \lambda_n d - \sinh \lambda_n a) - A_n P_n(\cosh \lambda_n d - \cosh \lambda_n a)}{\lambda_n(\cosh \lambda_n d - P_n \sinh \lambda_n d)} + \frac{\rho g H}{2}\sum_{n=0}^{N}\frac{A_n(1-P_n \tanh \lambda_n a)\sinh \lambda_n a}{\lambda_n(\cosh \lambda_n d - P_n \sinh \lambda_n d)}$$

总垂直波浪力 F_z 由 2 部分组成：

$$F_z = F_e - F_f \tag{4.45}$$

式中：F_e 为基床内渗流场作用于沉箱上的浮托力，F_f 为消浪室内的水体对底板产生的垂直方向作用力。各部分表达式如下：

$$F_e = \int_{-B}^{B_1 - B} p_\Omega(x, -d)\,\mathrm{d}x$$

$$F_f = \frac{\rho g H}{2}\sum_{n=0}^{N} A_n \frac{\sin \lambda_n B}{\lambda_n}\frac{1-P_n \tanh \lambda_n a}{\cosh \lambda_n d - P_n \sinh \lambda_n d}$$

定义总水平波浪力和总垂直波浪力的无因次形式如下：

$$C_{Fx}=\frac{|F_x|}{\rho gHd},C_{Fz}=\frac{|F_z|}{\rho gHd} \tag{4.46}$$

开孔沉箱上总水平波浪力和总垂直波浪力的峰值之间还存在相位差，并不是同步达到最大值，这将在后面给出详细讨论。相位差的计算式为

$$\theta=\arg F_x-\arg F_z\pm 2\pi \tag{4.47}$$

其中 θ 的范围为$[-\pi,\pi]$。如果 $\theta=\pm\pi$，表示总水平波浪力和总垂直波浪力峰值的相位差正好为半个波浪周期；如果 $\theta>0$，表示总垂直波浪力先于总水平波浪力达到峰值；如果 $\theta<0$，则情况正好相反。将无因次的相位差定义为

$$C_\theta=\frac{\theta}{\pi} \tag{4.48}$$

4.2 物理模型试验介绍

物理模型试验在大连理工大学海岸和近海工程国家重点实验室的波流水槽中进行。水槽长 56 m、宽 0.7 m、深 1 m，一端安装有不规则波造波机，可产生波浪的周期范围为 0.5～5 s。

图 4.3 为局部开孔沉箱模型的示意图。模型用 1 cm 厚的有机玻璃制作，总尺寸为长 68 cm（沿水槽宽度方向）、宽 45 cm、高 70 cm。模型沿长度方向用横隔板分成 4 个相同的箱体。模型的前板局部均匀开孔，开孔范围从距离模型底部 20 cm 开始到顶端，开孔形式为矩形孔。试验中采用开孔率 ε_w 为 0.2 和 0.4 的两种开孔板。模型消浪室的后实体板是可活动的，在试验中改变其位置，使得消浪室宽度 B=15、20、30 cm。这些模型的试验条件在表 4.1 中列出。

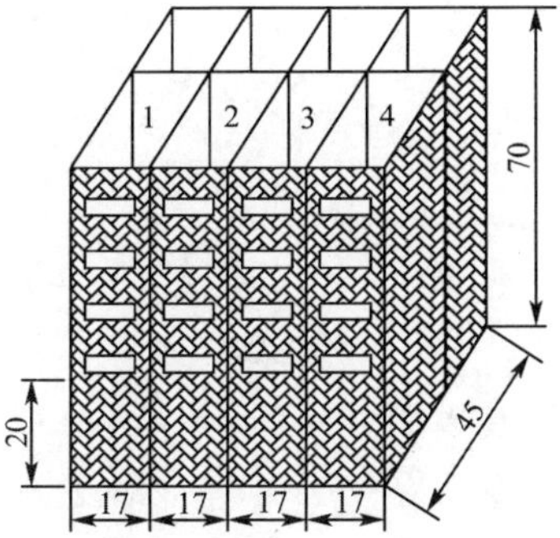

图 4.3 局部开孔沉箱模型示意图(单位:cm)

Fig. 4.3 Sketch of partially perforated caisson model(unit:cm)

表 4.1 试验条件

Tab. 4.1 Experimental conditions

入射波周期 T/s	入射波波高 H/cm
0.86	6,8
1.00	6,8,10,12
1.20	6,8,10,12
1.40	6,8,10,12

图 4.4 给出试验安装示意图。开孔沉箱模型安放在用小石子铺成的暗基床上,模型距离造波板 35 m,模型消浪室内填充 20 cm 厚度的小石子,模型顶部用铅块压载,保证其在试验过程中的稳定性。暗基床长 70 cm(沿水槽宽度方向)、宽 105 cm、厚 10 cm,前后基肩宽度均为 30 cm。暗基床和模型内填充小石子的中值粒径 D_{50} 分别为 1.15 cm 和 0.9 cm,暗基床和模型内部填料的孔隙率 ε_r 分别为 0.414 和 0.447。

试验中反射系数和波浪力的测量是同时进行的。为了测量反射系数,在模型前沿水槽中轴线布置 5 个浪高仪来记录波面的时间历程线，各浪高仪与模型前板之间的距离分别为0.8、1.53、2.33、2.71和3.35 m。试验所用浪高仪和波面数据采集系统由北京水科学技术研究院研制。为了测量波浪力，在模型中间的2号和3号箱体内共安装了31个压力传感器：7个在2号箱体前板测量迎浪面波压力，6个在3号箱体前板测量背浪面波压力，7个在3号箱体消浪室后板测量其表面波压力，5个在2号箱体底板测量其下表面的动水压力，6个在3号箱体消浪室底板测量其上表面的动水压力（消浪室宽度 $B=15$ cm时只用到其中的4个传感器，$B=20$ cm时只用到5个）。试验采用天津水运科学研究所研制的SG2000型压力传感器和相应的数据采集系统。试验数据的采样频率为20 Hz，采样长度为25.6 s（512个数据点）。每次试验至少重复3次，试验中没有越浪，波浪未破碎。

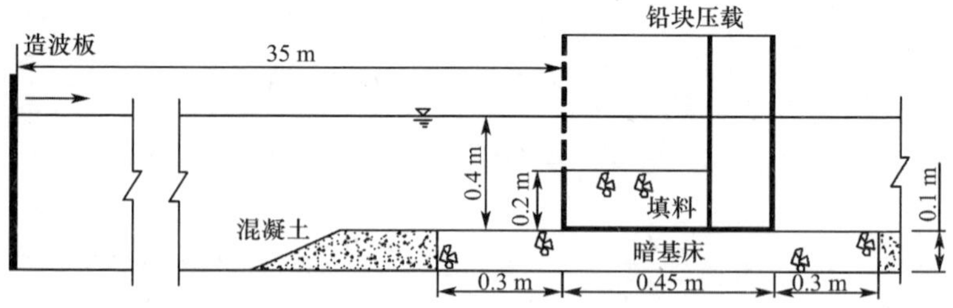

图4.4　试验安装示意图

Fig. 4.4　Sketch of experimental set-up

采用Goda等[24]的方法分离入反射波的波面时间历程线得到反射系数。将各个压力传感器测得的波压力沿结构物表面做梯形积分，得到总水平波浪力和总垂直波浪力的同步时间历程线。用上跨0法进行统计分析，得到总水平波浪力和总垂直波浪力的峰值；比较总波浪力的时间历程线，得到总水平波浪力和总垂直波浪力峰值之间的相位差。

4.3 数学模型的验证

4.3.1 理论验证

本小节从理论上检验作者推导的波浪场理论解和相应计算程序的正确性。

在理论解的求解中，需要确定计算中所取非传播模态的项数 M 和 N，以便得到收敛的数值结果。取不同的非传播模态数对反射系数进行计算，计算条件为：消浪室相对宽度 $B/L=0.2$，沉箱前墙开孔深度 $b/d=0.5$，孔隙影响系数 $G=1.0e^{0i}$，内部填料阻力系数 $f_r=2$、惯性力系数 $s_r=2$、孔隙率 $\varepsilon_r=0.45$。表 4.2 给出不同 M、N 和 k_0d 所对应的反射系数计算结果。当 $M=N=0$ 时，只考虑波浪的传播项，得到的是平面波（plane wave）假定下的计算结果，可以看出这在相对水深很浅时（$k_0d=0.1$）可以得到比较精确的计算结果。在通常情况下，波浪非传播模态对计算结果有很明显的影响，但是随着 M 和 N 的增加，非传播模态快速衰减，计算结果可以很快收敛。对工程实用而言，M 和 N 取 2～3 应该是足够的，本章取 $M=N=40$。

表 4.2 反射系数收敛性检验

Tab. 4.2 The convergent examination on reflection coefficient

非传播模态	反射系数 K_R					
$M=N$	$k_0d=0.1$	$k_0d=1.0$	$k_0d=2.0$	$k_0d=3.0$	$k_0d=4.0$	$k_0d=5.0$
0	0.375 62	0.273 31	0.134 74	0.120 48	0.140 44	0.152 15
1	0.375 24	0.277 33	0.118 30	0.086 12	0.123 97	0.146 25
2	0.375 23	0.275 83	0.115 22	0.088 83	0.127 07	0.147 48
3	0.375 21	0.275 72	0.113 63	0.085 66	0.124 84	0.146 11

（续表）

非传播模态	反射系数 K_R					
$M=N$	$k_0d=0.1$	$k_0d=1.0$	$k_0d=2.0$	$k_0d=3.0$	$k_0d=4.0$	$k_0d=5.0$
10	0.375 21	0.275 43	0.112 56	0.085 09	0.124 84	0.146 17
20	0.375 21	0.275 41	0.112 45	0.084 98	0.124 80	0.146 14
40	0.375 21	0.275 40	0.112 42	0.084 95	0.124 79	0.146 14
60	0.375 21	0.275 40	0.112 41	0.084 95	0.124 78	0.146 14
80	0.375 21	0.275 40	0.112 41	0.084 95	0.124 78	0.146 14

将前墙孔隙影响系数 G 取为 0，结构物变为不开孔的直立堤，此时反射系数的计算结果恒为 1，即波浪全反射。将前墙开孔部分 G 取为 $+\infty$，同时取沉箱内部填料参数 $f_r=0$、$s_r=1$、$\varepsilon_r=1$（将填料取为水），则结构物变为直立堤前带一淹没的不开孔直墙，此时计算得到的反射系数也恒等于 1。这从理论上来说都是十分合理的。

将前墙全开孔（$b/d=1$），结构物便成为 Jarlan[1] 最初提出的全开孔墙式防波堤。在第 3 章中已经提到，此时规则波的反射系数可以用 Sahoo 等[20] 给出的式(3.5)来直接计算。取 $b/d=1$、$k_0d=1.3$、$G=1.0e^{0i}$，分别采用本章理论解程序和 Sahoo 等[22] 给出的式来计算全开孔墙式防波堤的反射系数。图 4.5 给出两种计算结果的比较。可以看出，两种方法的计算结果是完全一致的。

忽略开孔沉箱内部填料的渗透性（$f_r=+\infty$、$\varepsilon_r=0$），Li 等[15] 推导了此时波浪反射系数的理论解，在第 3 章中用该理论解计算过局部开孔沉箱的反射系数。图 4.6 给出本书方法与 Li 等[15] 计算结果的比较，计算条件为：$b/d=0.5$，$k_0d=1.6$，$G=1.0e^{0i}$，$f_r=+\infty$，$\varepsilon_r=0$。可以看出，两种方法的计算结果也是完全一致的。事实上，对于全开孔墙式防波堤的反射系数，Li 等[15] 的计算结果与 Sahoo 等[20] 的计算结果也是一致的。

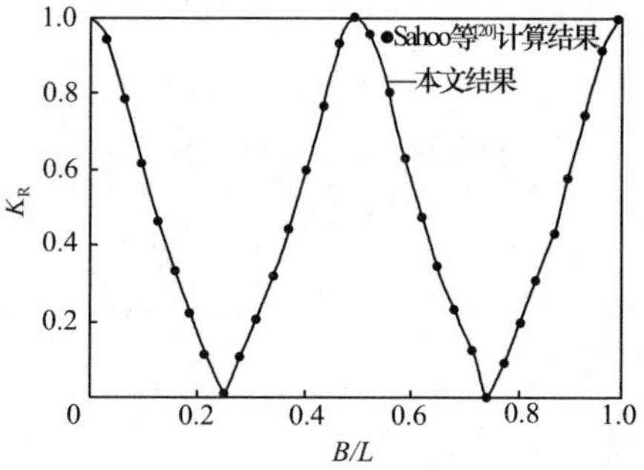

图 4.5 本书理论与 Sahoo 等[20]的比较

Fig. 4.5 Comparison between present theory and Sahoo, *et al.*[20]

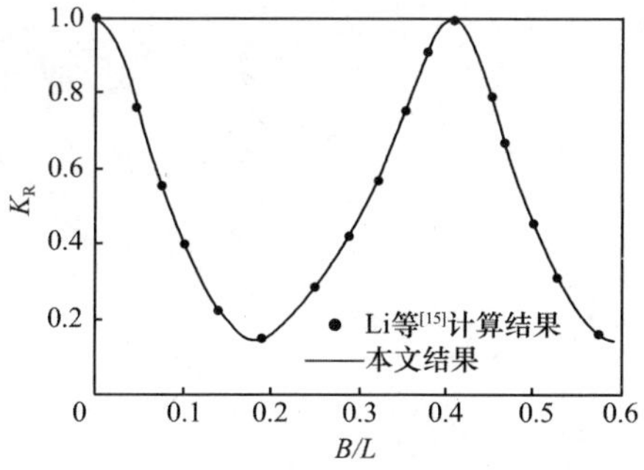

图 4.6 本书理论与 Li 等[15]的比较

Fig. 4.6 Comparison between present theory and Li, *et al.*[15]

4.3.2 试验验证

本小节将物理模型试验结果与数值计算结果进行比较，对所建立的数学模型进行验证。要对试验条件进行模拟，首先需要确定开孔墙的孔隙影响系数 G、填料的阻力系数 f_r 和惯性力系数 s_r。在模型试验中，前开孔板的厚度 $\delta=1$ cm，试验水深 $d=40$ cm，则根据式(3.6)可以计算出前开孔板的阻力系数 $f_w=8.7$。取开孔板的惯性力系数 $s_w=1$，便可利用式(3.1)计算出不同波况下孔隙影响系数 G。填料阻力系数的确定在 2.4 节中已做了说明，要采用式(2.49)来迭代计算。进行迭代计算前要给出填料的固有渗透系数 K_p 和无因次紊动阻力系数 C_f，这两个参数与多孔介质的颗粒尺寸、孔隙率等有关，需要由试验来确定。本书试验中填料的中值粒径 $D_{50}=0.9$ cm，填料的孔隙率 $\varepsilon_r=0.447$，这与 Sollitt 等[10]试验中所用的一种多孔材料类似。因此根据 Sollitt 等[10]的试验结果，在计算中取 $K_p=0.348\ 4\times10^{-7}$ m^2、$C_f=0.406$、$C_m=0(s_r=1)$。其实，在后面的分析中将会提到，参数 K_p、C_f 和 C_m 的变化在试验条件下对结果的影响并不大。上述参数确定后，便可对试验条件下的波浪反射系数和总波浪力进行计算。从理论上说，由式(2.49)迭代计算得到的阻力系数 f_r 应该与入射波波高有关，但数值计算结果表明，在当前试验条件下波高对 f_r 的影响可以忽略，因此在计算中均取相对波高 $H/d=0.2(H=8$ cm)。

图 4.7 给出反射系数的计算结果和试验结果的比较，图中横坐标为消浪室相对宽度 B/L，纵坐标为反射系数 K_R。可以看出，反射系数的计算结果能够较好地反映出试验结果的变化规律，尤其是当开孔率 $\varepsilon_w=0.4$ 时，计算结果和试验结果符合良好。从图中还可以看出，当消浪室相对宽度 B/L 在 0.16 左右时反射系数达到最小，并且反射系数的最小值在开孔率为 0.4 时可以达到更小。

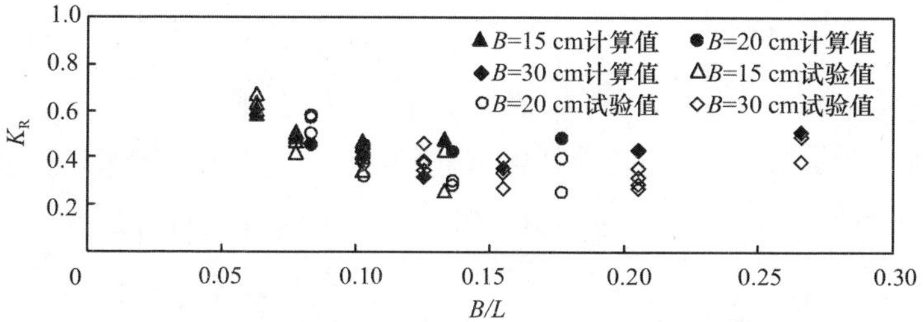

(a) $\varepsilon_w = 0.2$

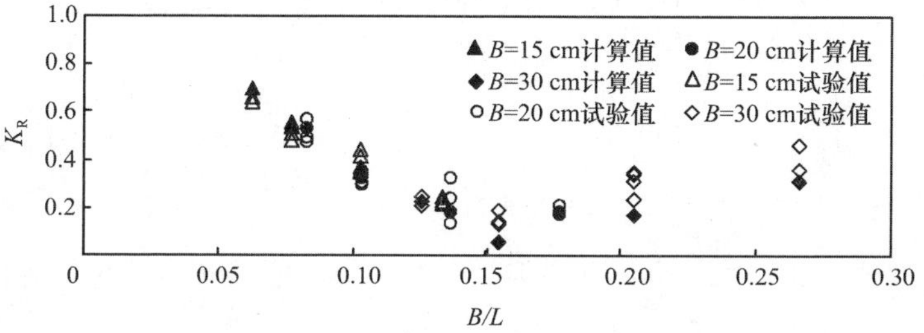

(b) $\varepsilon_w = 0.4$

图 4.7 反射系数计算结果与试验结果比较

Fig. 4.7 Comparison of reflection coefficients between calculation results and experimental results

图 4.8 给出开孔率为 0.2 时无因次总水平波浪力 C_{Fx}、总垂直波浪力 C_{Fz} 和总波浪力峰值之间相位差 C_θ 的计算结果与试验结果比较，开孔率为 0.4 时相应的比较结果在图 4.9 中给出。从图中可以看出，总水平波浪力和垂直波浪力的计算值和试验值总体符合较好，其中开孔率为 0.2 时计算结果与试验结果符合得更好。对相位差而言，其计算结果基本上可以反映出试验结果的变化规律，但是相位差的计算值相比试验值有所偏大，尤其是开孔率为 0.4 时。这与试验中波浪的非线性有关，波浪的非线性要带来波形的

不对称，除了波峰值升高外，波峰对应的半周期也会相应缩短。根据试验所用波要素，用 Stokes 五阶波理论对波形进行计算，波峰对应前半周期值要小于 $0.5T$，为 $0.43T$～$0.47T$。这应该是导致本书基于线性波理论计算得到的无因次相位差 C_θ 相对试验结果总体偏大的主要原因。此外，相对于无因次总波浪力而言，试验中波形的不对称对无因次相位差的影响似乎更明显。需要特别提出的是，试验结果和计算结果均表明开孔沉箱的总垂直波浪力达到峰值的时间总是要早于总水平波浪力。计算结果还表明，沉箱消浪室宽度与总宽度之比 B/B_1 不同时，相位差 C_θ 随波数 k_0d 的变化规律是不一样的。当 k_0d 趋近 0 时，在 $B/B_1=0.33$、0.44 的情况下，相位差 C_θ 也趋近 0，但在 B/B_1 较大的情况下（$B/B_1=0.67$），相位差 C_θ 趋近 1。

为了说明这一现象，图 4.10 给出 $k_0d=0.323$，$\varepsilon_w=0.2$，$B/B_1=0.33$、0.67 时计算所得力的时间历程线，图中 F_x、F_z、F_{z1} 和 F_{z2} 分别表示总水平波浪力、总垂直波浪力、浮托力和消浪室底板上表面所受波浪力（图中纵坐标 A 表示幅值），水平波浪力的正方向水平向右，垂直波浪力的正方向竖直向上。可以看出，当入射波波长很长时，总水平波浪力 F_x 和浮托力 F_{z1} 的相位趋向一致，而消浪室底板上表面所受波浪力 F_{z2} 的相位则要提前近半个周期。总垂直波浪力 F_z 是 F_{z1} 和 F_{z2} 的代数和，因此 F_z 与 F_{z1} 和 F_{z2} 中幅值占优的力相位接近。而当 B/B_1 较小时，F_{z1} 占优；当 B/B_1 较大时，F_{z2} 占优。这就是图 4.8(g)～(i) 和图 4.9(g)～(i) 中相位差 C_θ 的计算值随 k_0d 的变化规律不同的原因。

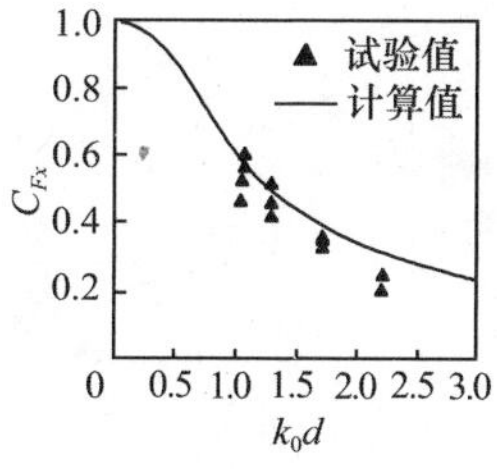

(a) C_{Fx}比较：$B/B_1=0.33$

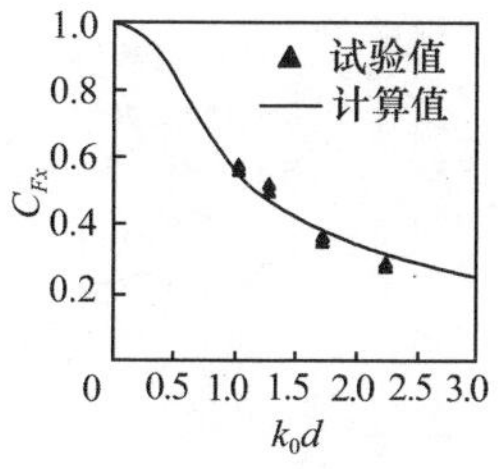

(b) C_{Fx}比较：$B/B_1=0.44$

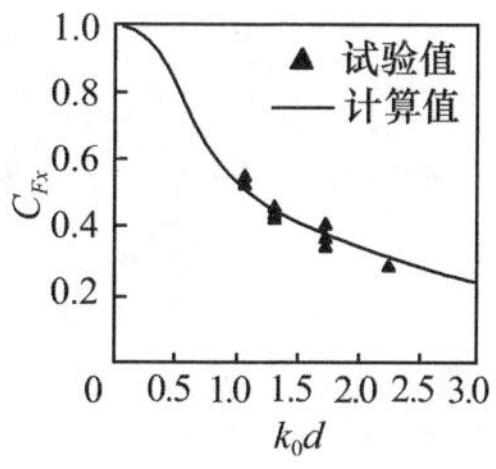

(c) C_{Fx}比较：$B/B_1=0.67$

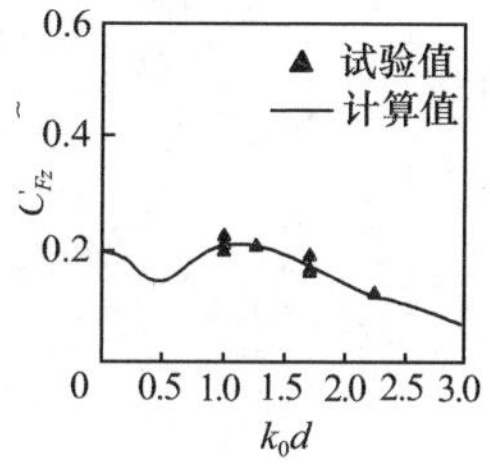

(d) C_{Fz}比较：$B/B_1=0.33$

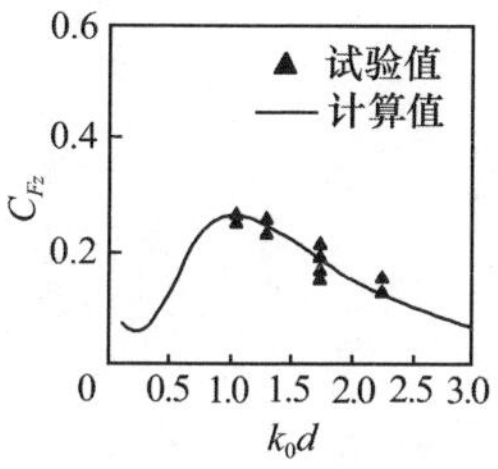

(e) C_{Fz}比较：$B/B_1=0.44$

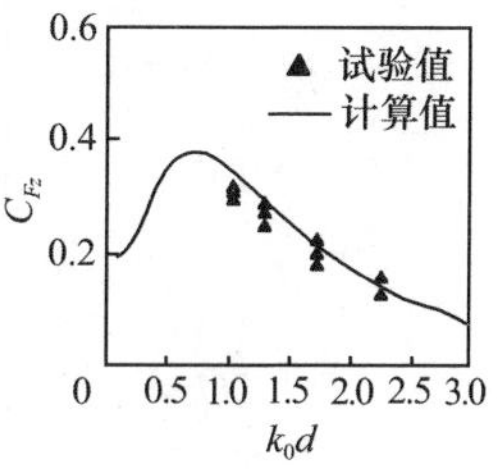

(f) C_{Fz}比较：$B/B_1=0.67$

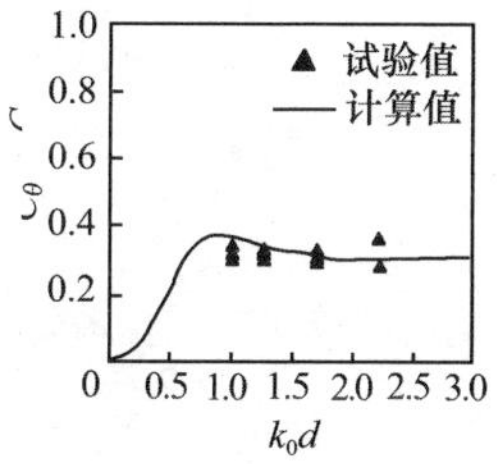

(g) C_θ比较：$B/B_1=0.33$

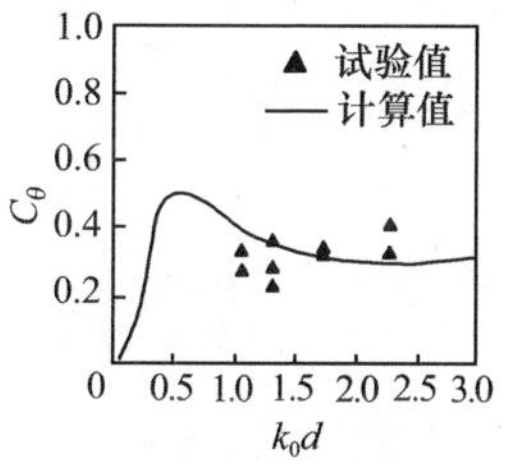

(h) C_θ比较：$B/B_1=0.44$

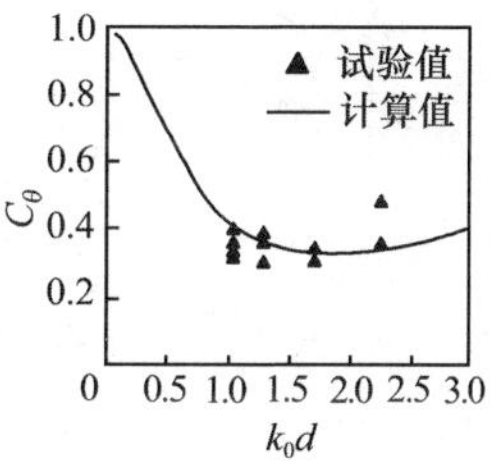

(i) C_θ比较：$B/B_1=0.67$

图 4.8 计算结果与试验结果比较（$\varepsilon_w=0.2$）

Fig. 4.8 Comparison between calculation results and experimental results（$\varepsilon_w=0.2$）

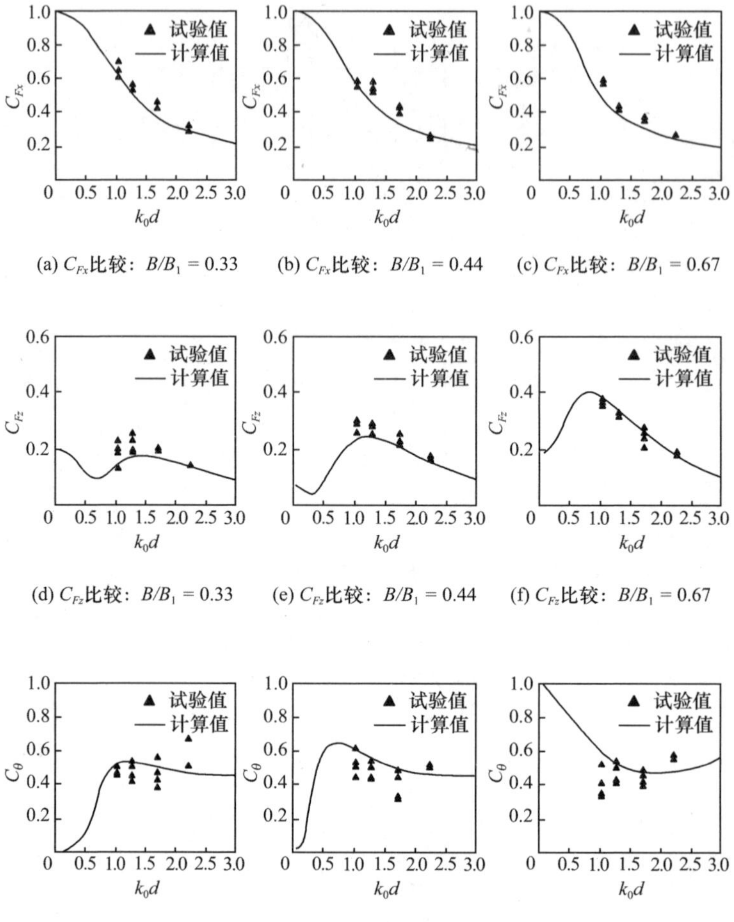

(a) C_{Fx}比较：$B/B_1=0.33$
(b) C_{Fx}比较：$B/B_1=0.44$
(c) C_{Fx}比较：$B/B_1=0.67$
(d) C_{Fz}比较：$B/B_1=0.33$
(e) C_{Fz}比较：$B/B_1=0.44$
(f) C_{Fz}比较：$B/B_1=0.67$
(g) C_θ比较：$B/B_1=0.33$
(h) C_θ比较：$B/B_1=0.44$
(i) C_θ比较：$B/B_1=0.67$

图 4.9　计算结果与试验结果比较($\varepsilon_w=0.4$)

Fig. 4.9　Comparison between calculation results and experimental results($\varepsilon_w=0.4$)

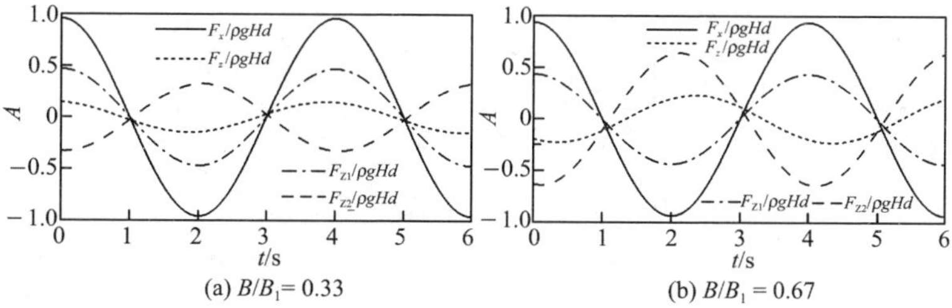

(a) $B/B_1=0.33$　(b) $B/B_1=0.67$

图 4.10　波浪力的时间历程线

Fig. 4.10　Time history of wave forces

4.4　结果分析和讨论

4.4.1　反射系数影响因素的讨论

开孔墙式防波堤反射系数最主要的影响因素是消浪室相对宽度 B/L（前开孔墙与后实体墙之间的距离与入射波波长的比值）和孔隙影响系数 G。图 4.11 给出几种情况的算例作为参照，计算中取入射波波数 $k_0d=1.3$。首先考虑孔隙影响系数为实数的情况，这时波浪通过前开孔墙时只产生能量的耗散，并没有相位的改变。对全开孔墙式防波堤而言，其内、外水深是一致的，当波浪正向入射时（斜向波的问题将在第 6 章讨论），消浪室内部的波长等于入射波波长。这时根据文献[28]的研究，反射系数 K_R 随着 B/L 的增加呈周期性的变化：当 $B/L=0.25+0.5n(n=0,1,2,\cdots)$时，消浪室后墙的反射波与刚通过前开孔墙的入射波的相位正好差半个周期，可以相互抵消，因此反射系数达到最小值；当 $B/L=0.5n$ $(n=0,1,2,\cdots)$时，反射系数 K_R 达到最大值 1（全反射）。这从图

4.11 中的曲线 1、2 可以看出。对局部开孔墙式防波堤而言(内部填料视为不可透,参考图 3.1(b)),反射系数仍然随着 B/L 的增加呈周期性的变化。此时由于消浪室内部水深变浅,波长相应变短,因此 K_R 达到最小值和最大值的位置相应的向较小的 B/L 移动。这从图 4.11 中的曲线 3 可以看出。再考虑孔隙影响系数为复数的情况,这时波浪通过前开孔墙时同时产生能量的耗散和相位的改变,则反射系数达到最小值的位置向较小的 B/L 移动,但是其达到最大值时的 B/L 与 G 为实数时相同。这从图 4.11 中的曲线 4、5 可以看出。如果 G 为纯虚数,波浪通过开孔前墙时不产生任何的能量耗散,这时开孔沉箱的反射系数总等于 1[29]。当然这样的开孔墙在实际中是不存在的,在第 3 章中已经提到,在实际情况下 G 通常是实部占优的。从以上的介绍中可以看出,在将内部填料视为不可渗的情况下,开孔墙式防波的反射系数总是随着 B/L 的增加在最小值和 1 之间周期性变化。

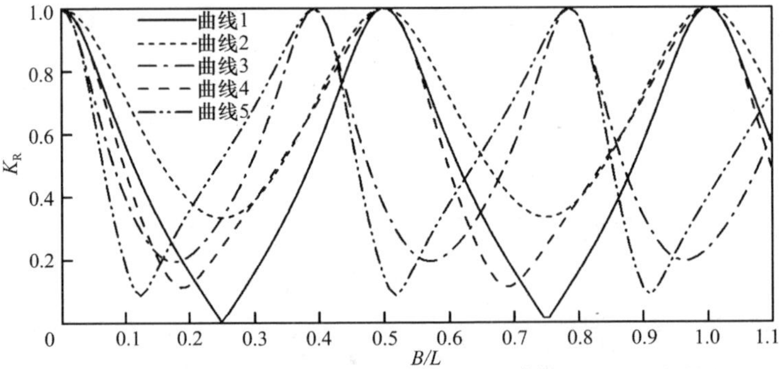

曲线1: $G=1$, $b/d=1$; 曲线2: $G=2$, $b/d=1$; 曲线3: $G=1$, $b/d=0.5$;
曲线4: $G=1+0.5i$, $b/d=1$; 曲线5: $G=1+0.5i$, $b/d=0.5$

图 4.11 反射系数随 B/L 的变化

Fig. 4.11 Reflection coefficient changes with B/L

图 4.12 给出内部填料对本章防波堤结构反射系数的影响，参考前面的物理模型试验，将基本的计算条件取为：入射波波数 $k_0 d=1.3$，开孔墙的相对厚度、开孔深度、开孔率、阻力系数分别为 $\delta/d=0.025$、$b/d=0.5$、$\varepsilon_w=0.3$、$f_w=8.7$，开孔墙和填料的惯性力系数 $s_w=s_r=1$。计算中将填料阻力系数 f_r 取为常数，并取不同的填料阻力系数 f_r 和孔隙率 ε_r 来计算局部开孔沉箱的反射系数。当 $f_r=0$，$\varepsilon_r=1$ 时，多孔介质（内部填料）变为水，此时的结构形式为直立墙前带一局部开孔板；当 $f_r=+\infty$，$\varepsilon_r=0$ 时，多孔介质（内部填料）变为不可渗。如图 4.12 所示，在这两种情况下反射系数随消浪室相对宽度 B/L 的增加在最小值和 1 之间周期性地变化。值得注意的是，对于 $f_r=+\infty$、$\varepsilon_r=0$ 的情况，仍然是在 $B/L=0.5n(n=0,1,2,\cdots)$ 时候达到全反射。当开孔沉箱内部存在填料时，进入消浪室的波浪在多孔介质（填料）上运动时，要产生能量的耗散和相位的改变，这有点类似波浪在多孔潜堤上的运动[25]。因此，当 B/L 增加时，反射系数不再完全呈周期性变化，只是在最大值和最小值之间摆动，并且摆动的幅度逐渐衰减。这是因为随着消浪室宽度的增加，波能的耗散逐渐增大。从图 4.12 还可以看出，当阻力系数和开孔率比较适中时（$f_r=2$、$\varepsilon_r=0.45$），填料对反射系数的影响最为显著。需要注意的是，在实际中沉箱的消浪室不可能建得太大，通常情况下研究 $B/L<0.25$ 更有意义。此时，从图 4.12 可以看出，填料对局部开孔沉箱反射系数的影响几乎可以忽略；并且反射系数在 B/L 为 0.16 左右达到最小值，这在图4.7反射系数计算结果和试验结果的对比中已经提到过。

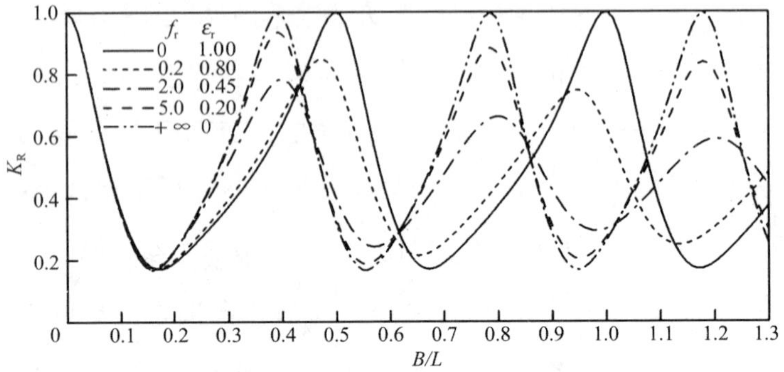

图 4.12　填料对反射系数的影响

Fig. 4.12　Effect of rock fill on the reflection coefficient

图 4.13 给出前墙开孔深度 b/d 对反射系数的影响，基本的计算条件为：$k_0d=1.3$，$\delta/d=0.025$，$f_w=8.7$，$f_r=2$，$\varepsilon_r=0.45$，$s_w=s_r=1$。图中包括前墙开孔率 ε_w 为 0.2 和 0.4 的两种不同情况，横坐标仍然表示消浪室相对宽度 B/L，但考虑到工程实际，B/L 只取到 0.6。可以看出，随着前墙开孔深度 b/d 的减小，反射系数最小值向左边 B/L 较小处移动，这是因为随着 b/d 的减小，消浪室内波长也减小的缘故。前文已经提到，波浪在消浪室内填料上运动时的波数是复数，可由方程(4.21)求解。复波数的实部代表多孔介质中波长的空间尺度，虚部代表多孔介质中波幅的衰减模量。当 b/d 减小时，多孔介质的厚度相应增加，波数的实部增大，波长的尺度则相应减小。从图 4.13 还可以看出，当前墙开孔率 $\varepsilon_w=0.2$时，反射系数的最小值随 b/d 的减小而增加；但 $\varepsilon_w=0.4$ 时，反射系数的最小值随 b/d 的减小先有所减小，然后再增加。对局部开孔沉箱而言，开孔率 0.4 时的消波效果要好于 0.2 时，此外，把局部开孔沉箱的相对开孔深度 b/d 取 0.5 左右应该是比较合理的选择。

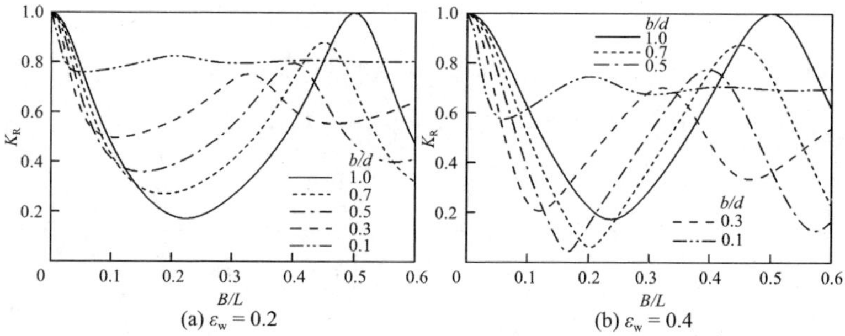

图 4.13　b/d 对反射系数的影响

Fig. 4.13　Effect of b/d on the reflection coefficient

图 4.14 给出前墙开孔率 ε_w 对反射系数的影响，基本的计算条件为：$k_0d=1.3$，$\delta/d=0.025$，$f_w=8.7$，$f_r=2$，$\varepsilon_r=0.45$，$s_w=s_r=1$。计算中将开孔墙的阻力系数 f_w 取为常数，然后在前墙开孔率 $\varepsilon_w=0.1\sim0.6$ 内计算反射系数。要注意的是，当 ε_w 很小或者很大时，这样的取法是不合理的，因为 $\varepsilon_w=0$ 时，阻力系数 f_w 会变为无穷大；而 $\varepsilon_w=1$ 时，$f_w=0$。图 4.14(a)给出前墙开孔深度 $b/d=0.5$ 时的计算结果，图 4.14(b)则给出全开孔沉箱($b/d=1$)的结果作为对照。可以看出，随着开孔率的增大，反射系数首先减小，达到一个最小值后，再继续增大。这个结果应该是很容易推断出的，如果局部开孔沉箱里面不开孔部分为实体，则当前墙为实体($\varepsilon_w=0$)和全开($\varepsilon_w=1$)时，反射系数都会等于最大值 1。当然，在局部开孔沉箱里面有填料的情况下，当前墙全开时，由于填料会耗散部分能量，反射系数会小于 1。其实，在图 4.14 中更有意义的讨论是找出反射系数达到最小时的最优前墙开孔率。可以看出，对开孔深度 $b/d=0.5$ 的情况，$\varepsilon_w=0.4$ 时反射系数最小；而对于全开孔沉箱，$\varepsilon_w=0.3$时反射系数最小。也就是说，开孔深度越小，达到最小反射系数所需要的开孔率就越大。当然，在实际中开孔率不可能取得

太大，一方面是会影响开孔墙自身的结构强度，另一方面如图 4.14 所示，当开孔率超过一定值后，反射系数反而会增大。对于局部开孔沉箱而言，要达到较好的消波效果，0.3～0.4的前墙开孔率应该是一个合理的选择。

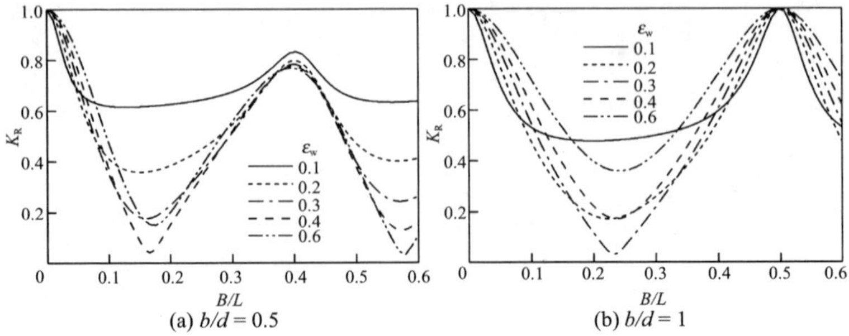

图 4.14 ε_w 对反射系数的影响

Fig. 4.14 Effect of ε_w on the reflection coefficient

4.4.2 总波浪力和相位差影响因素的讨论

实际工程中，对抛石基床上的传统直立堤而言，波浪作用下结构物的受力包括水平波浪力和浮托力两部分，这两部分力基本上是同步达到峰值的。但对于开孔沉箱来说，计算和试验结果均表明：总水平波浪力和总垂直波浪力的峰值之间存在一个很明显的相位差，并且总垂直波浪力总是提前于总水平波浪力达到峰值。这是开孔沉箱结构受力的一个很重要的特点，所以这里首先对总水平波浪力和总垂直波浪力的相位差给予特别的讨论。

图 4.10 已经给出了一种入射波条件下力的时间历程线的计算结果。为了更好地说明问题，图4.15给出试验所得具有代表性的总水平波浪力和总垂直波浪力以及其组成部分的时间历程线，具体的试验条件为：$T=1.2$ s，$H=8$ cm，$B=30$ cm，$\varepsilon_w=0.2$、0.4。

图中总水平波浪力 F_x 由前墙迎浪面波浪力 F_{x1}、背浪面波浪力 F_{x2} 和消浪室后墙上的波浪力 F_{x3} 组成；总垂直波浪力 F_z 由浮托力 F_{z1} 和消浪室底板上表面受力 F_{z2} 组成。定义水平波浪力的正方向水平向右，垂直波浪力的正方向竖直向上。从图 4.15(a)、(b)可以看出，总水平波浪力 F_x 的峰值在 F_{x1} 和 F_{x3} 的峰值之间出现。也就是说，总水平波浪力的峰值出现在入射波波峰进入消浪室之后，到达后实体墙之前。Tabet-Aoul 等[30]也在试验中观察到了同样的现象。需要指出的是，F_x、F_{x1} 和 F_{x3} 之间的相位差别是与消浪室的相对宽度 B/L 有关系的，很显然，如果 B/L 趋于 0，这 3 个力会趋于同相位。对于总垂直波浪力 F_z 而言，其峰值相位要提前于浮托力 F_{z1}，这可以从图 4.15(c)、(d)中观察到。正是由于上述总波浪力与其组成波之间的相位差别，最后导致总垂直波浪力的峰值比总水平波浪力的峰值有一个明显的相位提前。这可以从图 4.15(e)、(f)中很清楚地观察到，并且试验中开孔率为 0.4 时的相位差通常要比开孔率为 0.2 时大。

沉箱前墙开孔后，可以直接减小作用在结构物上的总水平波浪力，这已经是被广泛证实的结论。但是，作用在开孔沉箱上的总垂直波浪力经常不会像总水平波浪力那样被直接减小，在某些条件下，开孔沉箱上的总垂直波浪力与传统结构相比甚至会大幅度地增加。如图4.15(f)所示，总垂直波浪力峰值甚至可以达到总水平波浪力峰值的 75%左右。不过，由于相位差的存在这并不会带来恶劣的后果。如图4.15(e)、(f)所示，当总水平波浪力达到峰值时，其同步的总垂直波浪力是相当小的，特别是在相位差超过 1/4 个波浪周期时，同步总垂直波浪力方向变为垂直向下，这个时候总垂直波浪力的存在反而有利于提高结构物的抗滑移和抗倾覆稳定性。这表明，除了减少反射系数和总水平波浪力以外，总水平波浪力和总垂直波浪力峰值之间存在明显的相位差是开孔沉箱结构物的又一重要优点。这一相位差可以间接但十分有效地减小作用在结构物上的总水平波浪力峰值所对应的同步总垂直波浪力。

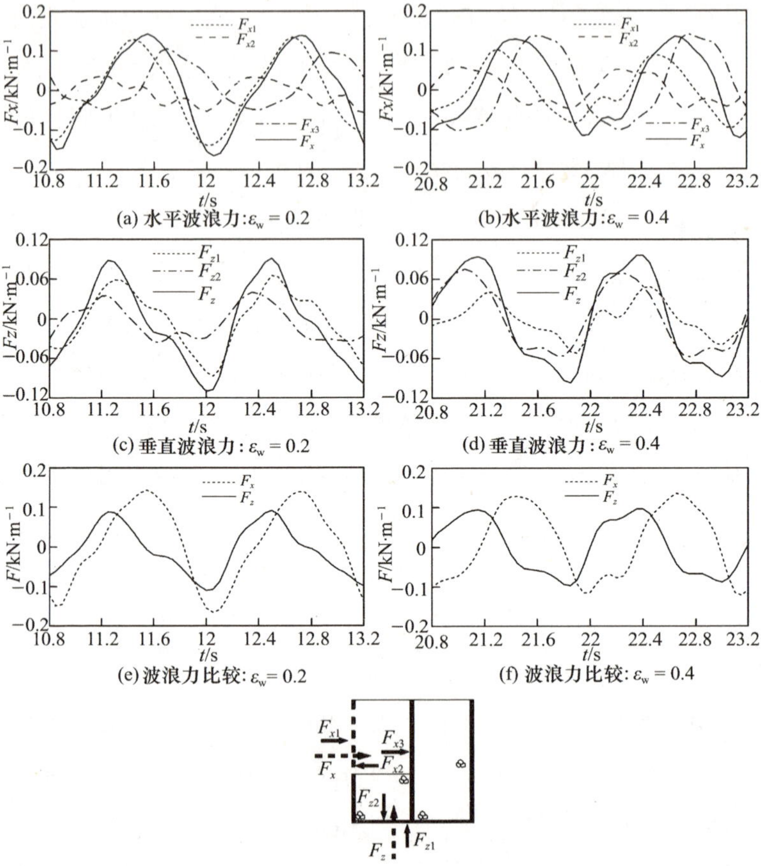

图 4.15　测量波浪力的时间历程线

Fig. 4.15　Time history of measured wave forces

下面就利用本章数学模型的计算结果对总水平波浪力、总垂直波浪力和相位差的几个主要影响因素进行讨论。考虑到工程实际，在讨论中仍然采用前面物理模型试验中开孔沉箱和暗基床的基本参数以及波浪条件。

在前面讨论填料对反射系数影响的时候，把填料阻力系数 f_r 简单地取为常数，实际情况下 f_r 需要迭代计算。这里从已有文献的模型试验中选取几种代表性的多孔材料来讨论填料性质对波浪力的影响。表 4.3 列出这些材料的参数，其中 4 号材料的特性参数是 Requejo 等[19]由振荡流试验测得，考虑了材料附加质量影响（$C_m = 0.34$）；而 3 号材料是参考 Requejo 等[19]的试验选取的，不同之处是取 $C_m = 0$。采用 4 种不同填料的计算结果在图 4.16 中给出，计算 f_r 时取相对波高 $H/d = 0.2$，其他计算条件为：$\varepsilon_w = 0.4$，$f_w = 8.7$，$s_w = 1$，$\delta/d = 0.025$，$b/d = 0.3$，$B_1/d = 1.125$，$B/B_1 = 0.67$。图中横坐标为波数 $k_0 d$，纵坐标为相应的无因次总波浪力和相位差，曲线 1～4 分别代表 1～4 号材料。可以看出，无因次的总水平波浪力 C_{Fx} 和总垂直波浪力 C_{Fz} 对材料参数并不敏感，尽管所选用材料的中值粒径 D_{50} 从 0.97 cm 变化到 3.78 cm。此外，在 $k_0 d < 2$ 的常用范围内，填料参数变化对无因次相位差 C_θ 的影响也不显著。因此，在实际工程中，并不需要过多地考虑沉箱内部填料（块石或混凝土块）的尺度大小，只要能保证填料本身在波浪作用下稳定即可。

表 4.3　不同填料参数

Tab. 4.3　The different rock fill parameters

编号	参考文献	D_{50}/cm	ε_r	K_p/m^2	C_f	C_m
1	Sollitt 等[10]	0.97	0.430	3.484×10^{-6}	0.405 8	0
2	Sulisz[31]	2.50	0.442	1.923×10^{-7}	0.270 0	0
3	Requejo 等[19]	3.78	0.500	1.670×10^{-5}	0.645 0	0
4	Requejo 等[19]	3.78	0.500	1.670×10^{-5}	0.645 0	0.34

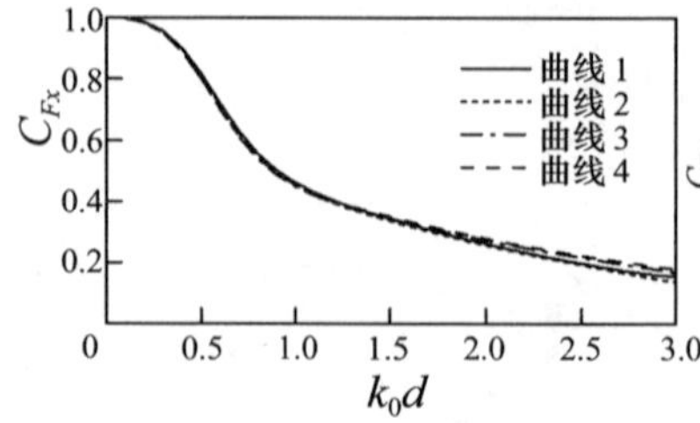

(a) 总水平波浪C_{Fx}

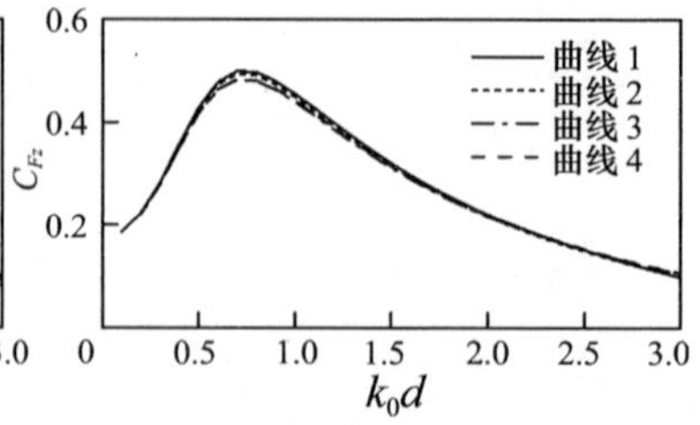

(b) 总垂直波浪C_{Fz}

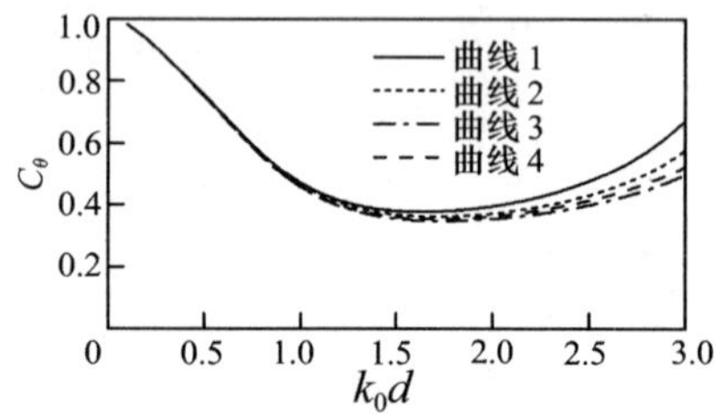

(c) 相位差 C_θ

图 4.16　填料性质对总波浪力的影响

Fig. 4.16　Effect of rock fill properties on the total wave forces

图 4.17 给出前墙开孔深度 b/d 对 C_{Fx}、C_{Fz} 和 C_θ 的影响，这里取 f_r 和 s_r 分别为常数 2 和 1，其他的基本条件为：$\varepsilon_w=0.3$，$f_w=8.7$，$s_w=1$，$\delta/d=0.025$，$B_1/d=1.125$，$B/B_1=0.44$。当 $b/d=0$时，防波堤等同于不开孔的实体直立堤，总水平波浪力为立波波浪力，总垂直波浪力仅包括浮托力，总波浪力之间的相位差为 0。随着 b/d 的增加，C_{Fx} 先减小后略有增加，C_{Fz} 先增大后迅速减小，C_θ 则迅速增加，达到最大值后又逐渐减小。如果综合考虑 C_{Fx}、C_{Fz} 和 C_θ，$b/d=0.4\sim0.6$ 应该是比较合适的选择。

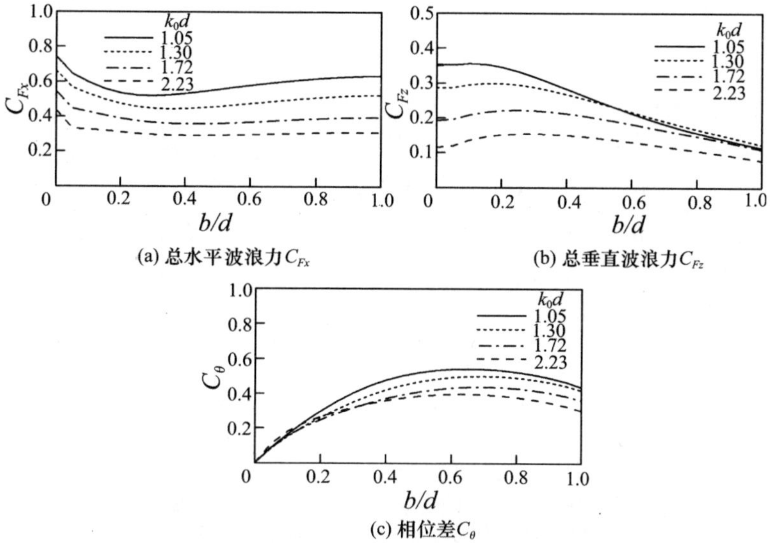

(a) 总水平波浪力C_{Fx}　(b) 总垂直波浪力C_{Fz}

(c) 相位差C_θ

图 4.17　b/d 对总波浪力的影响

Fig. 4.17　Effect of b/d on the total wave forces

图 4.18 给出前墙开孔率 ε_w 对 C_{Fx}、C_{Fz} 和 C_θ 的影响，计算条件为：$f_w=8.7$，$s_w=1$，$b/d=0.5$，$\delta/d=0.025$，$B_1/d=1.125$，$B/B_1=0.33$、0.67。这里用到的填料为表 4.3 中的 1 号材料，取相对波高 $H/d=0.2$ 来计算 f_r。当前墙不开孔时，结构物前形成立波，总水平波浪力为立波波浪力，总垂直波浪力等于浮托力，总水平波浪力和总垂直波浪力之间的相位差为 0。从图 4.18(a)、(b)可以看出，当开孔率从 0 增加到 0.2 时，总水平波浪力明显减少，但之后开孔率变化对总水平波浪力的影响不显著，且与入射波波数 k_0d 有关。从图 4.18(c)、(d)可以看出，总垂直波浪力随开孔率的变化趋势与消浪室宽度与沉箱总宽度之比 B/B_1 有关。增大开孔率时，会导致更多的水体进入消浪室，通常会增加底板上表面的动压力。总垂直波浪力为浮托力与底板上表面受力之差，当 B/B_1 很小浮托力占优时，总垂直波浪力会随着开孔率的增大(底板上表面受力增

大)而减小;当 B/B_1 很大底板上表面受力占优时,总垂直波浪力就会随着开孔率的增大而增大。此外,当前墙开孔率 ε_w 和消浪室宽度与沉箱总宽度之比 B/B_1 较大时,开孔沉箱上的总垂直波浪力要大于传统沉箱结构的总垂直波浪力(浮托力)。从图 4.18(e)、(f)可以看出,开孔率对总波浪力峰值之间的无因次相位差 C_θ 的影响十分显著,随着开孔率的增加,C_θ 从 0 快速单调增加。前面已经说过,这将有利于减小总水平波浪力峰值对应的同步总垂直波浪力。

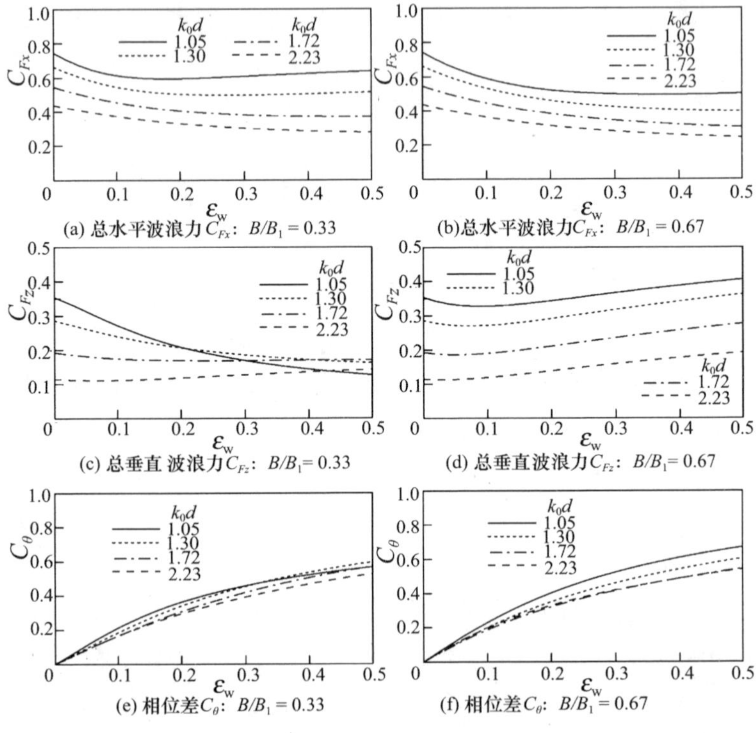

图 4.18 ε_w 对总波浪力的影响

Fig. 4.18 Effect of ε_w on the total wave forces

在前面讨论开孔沉箱反射系数时已经指出,消浪室相对宽度 B/L 是十分重要的影响因素。可是对于总垂直波浪力而言,消浪室宽度与沉箱总宽度比 B/B_1 的影响似乎更为显著。图 4.19 给出 B/B_1 对 C_{Fx}、C_{Fz} 和 C_θ 的影响，计算条件为：$\varepsilon_w=0.3$，$f_w=8.7$，$s_w=1$，$b/d=0.5$，$\delta/d=0.025$，$B_1/d=1.125$。填料仍为表 4.3 中的 1 号材料，仍取相对波高 $H/d=0.2$ 来计算 f_r。在图 4.19 的计算中，对于一种固定的入射波波数 k_0d，保持沉箱总宽度 B_1 不变，变化消浪室宽度 B 以改变 B/B_1，来分析 B/B_1 的变化对总波浪力和相位差的影响。这实际上也等同于在改变消浪室的相对宽度 B/L，因此图 4.19 也能反映出 B/L 变化对 C_{Fx}、C_{Fz} 和 C_θ 的影响。从图 4.19可以看出，C_{Fx} 随着 B/B_1 的增加而减小。C_{Fz} 随着 B/B_1 的增加先减小到其最小值，然后再增大，C_{Fz} 达到最小值时所对应的 $B/B_1=0.1\sim0.3$，并随波数 k_0d 的增加而减小。当 B/B_1 增加时，C_θ 首先会从 0 开始快速增加到某一值，随后 B/B_1 的变化对 C_θ 并无十分显著的影响。从图 4.19 还可以看出，当综合考虑 C_{Fx}、C_{Fz} 和 C_θ 时，在某一入射波条件下应该存在一个最优的 B/B_1。

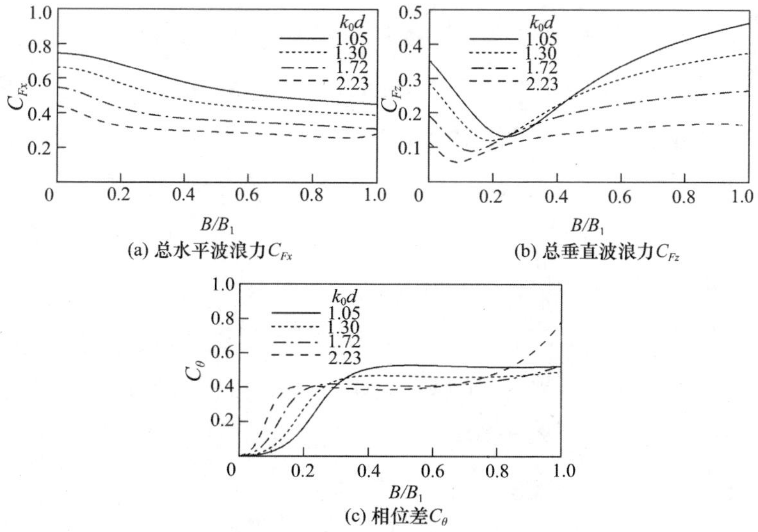

图 4.19　B/B_1 对总波浪力的影响

Fig. 4.19　Effect of B/B_1 on the total wave forces

5 不规则波与带填料局部开孔沉箱的相互作用

在上一章中研究了规则波与暗基床上局部开孔沉箱的相互作用，考虑到自然界中海浪为复杂的不规则波形式，本章将建立不规则波与带填料局部开孔沉箱相互作用的数学模型。在本章模型的建立中，将不规则波视为大量具有不同波高、角频率和随机初相位的规则波的叠加，采用上一章的方法计算得到各组成波的反射系数和总波浪力，再利用传递函数法得到不规则波作用下开孔沉箱的反射系数谱和总波浪力谱，同时也模拟了总水平波浪力和总垂直波浪力的时间历程线，以讨论总波浪力峰值之间的相位关系。通过物理模型试验对建立的不规则波与局部开孔沉箱相互作用的数学模型进行了验证。将不规则波作用下开孔沉箱反射系数和波浪力的计算和试验结果与上一章规则波的相应结果进行了比较，并给出主要结论。本章还给出了明基床上开孔沉箱反射系数（包括规则波和不规则波）的近似计算方法。

5.1 数学模型的建立与求解

图 5.1 给出这一问题理想化的示意图。暗基床上内部带填料的局部开孔沉箱防波堤受到从左向右正向入射不规则波的作用，入射波有效波高为 H_s、有效波长为 L_s、有效周期为 T_s。沉箱宽度为 B_1、消浪室宽度为 B、前水深为 d、开孔深度为 b、填料厚度为 a。坐标系的定义和子域的划分仍与上一章规则波问题(见图 4.1、4.2)一致。

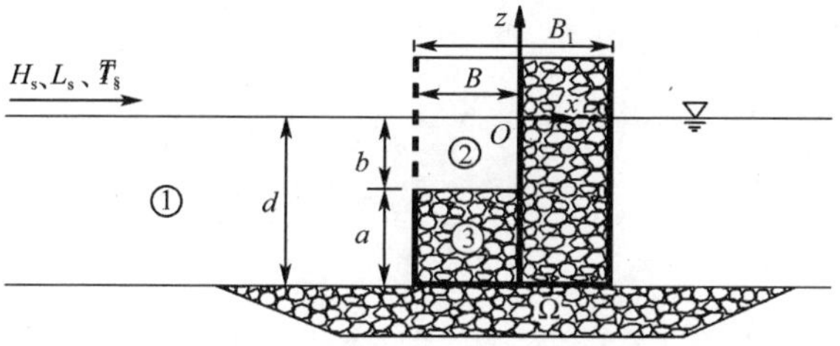

图 5.1 暗基床上带填料开孔沉箱示意图

Fig. 5.1 Sketch of a perforated caisson with rock fill located on rubble fill foundation

可以把不规则波序列看作一平稳随机过程，它由大量的具有不同波高、不同角频率(周期)和随机初相位的规则波叠加而成。入射波的波面可以写为

$$\eta_I(x,t) = \mathrm{Re}\left[\sum_{j=1}^{J} \frac{H_j}{2} e^{ik_{j,0}(x+B)} e^{-i(\omega_j t - \alpha_j)}\right] \tag{5.1}$$

式中：J 为组成波的个数，理论上应为无穷多个；H_j、$k_{j,0}$、ω_j、α_j 分别为第 j 个组成波的波高、波数、角频率、随机初相位。同样假定流体是无黏不可压缩的理性流体，流体的运动是无旋的，则流域内总的速度势和动水压力可分别写为

$$\Phi(x,z,t) = \sum_{j=1}^{J} \Phi_j(x,z,t) = \mathrm{Re}\left[\sum_{j=1}^{J} \varphi_j(x,z) e^{-i(\omega_j t - \alpha_j)}\right] \tag{5.2}$$

$$P(x,z,t) = \sum_{j=1}^{J} P_j(x,z,t) = \mathrm{Re}\left[\sum_{j=1}^{J} p_j(x,z) e^{-i(\omega_j t - \alpha_j)}\right] \tag{5.3}$$

其中 $\varphi_j(x,z)$和 $p_j(x,z)$分别为与时间无关的第 j 个组成波的空间速度势和动水压力。

不考虑各组成波的相互作用，则每一个组成波的速度势均满足拉普拉斯方程和相应的边界条件（见上一章的描述），这样便可以利用上一章的规则波模型计算出每一个组成波的速度势。需要注意的是，对不同的组成波，局部开孔沉箱的前墙孔隙影响系数 G 和内部填料的阻力系数 f_r 是不同的，需要分别计算。各组成波的速度势确定后，便可以计算出开孔沉箱在第 j 个组成波作用下的反射系数 K_{Rj}、总水平波浪力 F_{xj} 和总垂直波浪力 F_{zj}。具体的计算过程已经在 4.1 节进行了详细的介绍，这里不再赘述。下面重点介绍不规则波作用下频率平均的反射系数、总波浪力和总波浪力峰值之间相位差的确定方法。

5.1.1 传递函数法

入射波的谱密度函数 $S_I(\omega)$是已知的，可以通过构造线性传递函数将入射波的谱密度函数转换为反射波和总波浪力的谱密度函数。假定入射波谱的能量绝大部分分布在 $\omega_L \sim \omega_H$，并忽略掉频率范围 $0 \sim \omega_L$ 和 $\omega_H \sim +\infty$ 中 $\mu\%$的谱能量，本书取 $\mu=0.2$[32]。按等分频率的方法将频谱范围 $\omega_L \sim \omega_H$ 等分成 J 份，可得

$$H_j = 2\sqrt{2S_I(\hat{\omega}_j)\Delta\omega_j};\ j=1,2,\cdots,J \tag{5.4}$$

$$\hat{\omega}_j=\frac{\omega_{j-1}+\omega_j}{2},\omega_0=\omega_L,\omega_J=\omega_H;j=1,2,\cdots,J \tag{5.5}$$

$$\Delta\omega_j=\omega_j-\omega_{j-1}=\frac{\omega_H-\omega_L}{J};j=1,2,\cdots,J \tag{5.6}$$

其中波高 H_j 和角频率 $\hat{\omega}_j$ 用来代表第 j 份入射波的能量谱，则反射谱、总水平波浪力谱和总垂直波浪力谱可分别写为，

$$S_R(\hat{\omega}_j)=|T_R(\hat{\omega}_j)|^2S_I(\hat{\omega}_j) \tag{5.7}$$

$$S_{Fx}(\hat{\omega}_j)=|T_{Fx}(\hat{\omega}_j)|^2S_I(\hat{\omega}_j),S_{Fz}(\hat{\omega}_j)=|T_{Fz}(\hat{\omega}_j)|^2S_I(\hat{\omega}_j) \tag{5.8}$$

其中 $T_R(\hat{\omega}_j)$、$T_{Fx}(\hat{\omega}_j)$和 $T_{Fz}(\hat{\omega}_j)$分别为入射波幅值与反射波幅值、总水平波浪力幅值以及总垂直波浪力幅值之间的线性传递函数，有

$$T_R(\hat{\omega}_j)=K_{Rj} \tag{5.9}$$

$$T_{Fx}(\hat{\omega}_j)=\frac{2F_{xj}}{H_j},T_{Fz}(\hat{\omega}_j)=\frac{2F_{zj}}{H_j} \tag{5.10}$$

这里要用 H_j 和 $\hat{\omega}_j$ 来计算第 j 份组成波作用下的反射系数和总波浪力。不规则波作用下局部开孔沉箱频率平均的反射系数以及总波浪力的有效值为

$$\overline{K}_R=\sqrt{\frac{m_{0,R}}{m_{0,I}}} \tag{5.11}$$

$$|F_{xs}|\approx 2\sqrt{m_{0,Fx}},|F_{zs}|\approx 2\sqrt{m_{0,Fz}} \tag{5.12}$$

其中 $m_{0,R}$、$m_{0,I}$、$m_{0,Fx}$和 $m_{0,Fz}$分别为入射波谱、反射波谱、总水平波浪力谱和总垂直波浪力谱的零阶矩，有

$$m_{0,R}=\int_0^\infty S_R(\omega)\mathrm{d}\omega,m_{0,I}=\int_0^\infty S_I(\omega)\mathrm{d}\omega \tag{5.13}$$

$$m_{0,Fx}=\int_0^\infty S_{Fx}(\omega)\mathrm{d}\omega,m_{0,Fz}=\int_0^\infty S_{Fz}(\omega)\mathrm{d}\omega \tag{5.14}$$

需要注意的是，式(5.12)计算的是力的幅值，所以根号前面的系数是 2 而不是 4。

5.1.2 模拟总波浪力的时间历程线

采用传递函数法可以得到反射系数、总水平波浪力和总垂直波浪力，但无法得到总波浪力之间详细的相位信息，因此本节来模拟总波浪力的时间历程线。

与前面所述类似，按等分频率的方法将频谱范围 $\omega_L \sim \omega_H$ 等分成 J 份，得到式(5.4)～(5.6)，然后代入式(5.1)，可得到入射波波面的计算式：

$$\eta_I(x,t) = \mathrm{Re}\left[\sum_{j=1}^{J} \sqrt{2S_I(\hat{\omega}_j)\Delta\omega_j}\, e^{ik_{j,0}(x+B)} e^{-i(\tilde{\omega}_j t-\alpha_j)}\right] = \sum_{j=1}^{J} \sqrt{2S_I(\hat{\omega}_j)\Delta\omega_j} \cos[k_{j,0}(x+B) - \tilde{\omega}_j t + \alpha_j] \tag{5.15}$$

式中：$\tilde{\omega}_j$ 用来代表第 j 份组成波的角频率，$\tilde{\omega}_j$ 在 $\omega_{j-1} \sim \omega_j$ 的频率区间内随机选取，初相位 α_j 在 $0 \sim 2\pi$ 内均布。

局部开孔沉箱上的总水平波浪力和总垂直波浪力的时间历程线可用下式计算：

$$\eta_{Fx}(t) = \mathrm{Re}\left[\sum_{j=1}^{J} F_{xj}\, e^{-i(\tilde{\omega}_j t-\alpha_j)}\right] = \sum_{j=1}^{J} [\mathrm{Re}(F_{xj})\cos(\tilde{\omega}_j t - \alpha_j) + \mathrm{Im}(F_{xj})\sin(\tilde{\omega}_j t - \alpha_j)] \tag{5.16}$$

$$\eta_{Fz}(t) = \mathrm{Re}\left[\sum_{j=1}^{J} F_{zj}\, e^{-i(\tilde{\omega}_j t-\alpha_j)}\right] =$$

$$\sum_{j=1}^{J}[\mathrm{Re}(F_{zj})\cos(\tilde{\omega}_j t-\alpha_j)+\mathrm{Im}(F_{zj})\sin(\tilde{\omega}_j t-\alpha_j)] \tag{5.17}$$

其中符号 Re 和 Im 分别表示取复变量的实部和虚部。需要注意的是，这里要用波高 H_j（由式(5.4)计算）和角频率 $\tilde{\omega}_j$ 来计算第 j 份入射波作用下的总水平波浪力 F_{xj} 和总垂直波浪力 F_{zj}。

通过比较总水平波浪力和总垂直波浪力的时间历程线，就可以统计出总波浪力峰值之间的相位差，并可以分析得到总波浪力的有效值、1/10 大值和 1% 值。总波浪力谱也可以用快速傅里叶变换法（FFT method）或自相关函数法（auto-correlation method）分析得到。从理论上说，分析时间历程线得到的总波浪力谱与上一节通过传递函数法得到的结果应该是一致的。

5.2　数学模型的试验验证

5.2.1　不规则波试验介绍

在 4.2 节所述规则波试验条件下，改变入射波条件进行了不规则波与暗基床上局部开孔沉箱相互作用的物理模型试验。试验中入射波谱采用 Goda 等改进的 JONSWAP 谱[32]：

$$S_{\mathrm{I}}(f_1)=\beta_{\mathrm{J}} H_{\mathrm{s}}^2 T_{\mathrm{p}}^{-4} f_1^{-5} \mathrm{e}^{-1.25(T_{\mathrm{p}} f_1)^{-4}} \gamma^{\mathrm{e}^{-(T_{\mathrm{p}} f_1-1)^2/2\sigma^2}} \tag{5.18}$$

$$\beta_{\mathrm{J}} \approx \frac{0.06238}{0.23+0.0336\gamma-0.185(1.9+\gamma)^{-1}}(1.094-0.01915\ln\gamma) \tag{5.19}$$

$$T_{\mathrm{p}} \approx \frac{T_{\mathrm{s}}}{1-0.132(\gamma+0.2)^{-0.559}} \tag{5.20}$$

$$\sigma=\begin{cases}0.07; & f_1\leqslant f_{1p}\\ 0.09; & f_1>f_{1p}\end{cases} \tag{5.21}$$

式中：f_1 代表波浪频率，H_s 和 T_s 分别表示有效波高和有效周期，T_p 和 f_{1p} 分别表示谱峰周期和谱峰频率，γ 是谱峰升高因子。本章用 f_1 来表示波浪频率，主要是为了与线性化阻力系数 f 加以区别，避免混淆。本章中开孔墙和沉箱内填料的线性化阻力系数还是分别用 f_w 和 f_r 表示。

试验中入射波谱的谱峰升高因子 γ 取 3.3。试验中除了入射波条件外，其他均与 4.2 节中规则波试验一致，具体的试验条件在表 5.1 中列出。试验中数据的采样频率同样为 20 Hz，采样长度为 204.75 s（4 096 个数据点）。仍然采用 Goda 等[24]的方法分离入反射波的波面时间历程线得到反射系数。将各个压力传感器测得的波压力沿结构物表面做梯形积分，得到总水平波浪力和总垂直波浪力的同步时间历程线。用自相关函数法分析总波浪力时间历程线，得到总波浪力谱。对总波浪力时间历程线进行统计分析，得到总水平波浪力和总垂直波浪力峰值的有效值、1/10 大值和 1%值。比较总水平波浪力和总垂直波浪力的时间历程线，得到总波浪力峰值之间的相位差。

表 5.1 不规则波试验的试验条件

Tab. 5.1 Experimental conditions of irregular wave experiment

入射波有效周期 T_s/s	入射波有效波高 H_s/cm
0.99 1.15 1.38	5.3,6.7,8.0

5.2.2 反射系数验证

在本小节，首先将不规则波反射系数的计算结果与 Bennett

等[33]和 Suh 等[34]关于全开孔墙式防波堤的试验结果进行比较，最后再将计算结果与上一小节局部开孔沉箱试验结果进行对比验证。经试算后，入射谱在频率范围 $\omega_L \sim \omega_H$ 内被等分为 100 份($J=100$)，这样的计算精度是足够的。

Bennett 等[33]在一直立墙前安装一竖狭墙，测量了不规则波作用下结构物的反射系数。模型试验按照 1∶15 设计，下面所提及的参数尺度都是针对原型而言。试验中采用了两种入射波谱，分别被命名为谱 A 和谱 B，其中谱 A 涵盖的等效周期范围是 4.5～14 s，谱 B 涵盖的等效周期范围是 2.9～6.2 s。其他的试验条件如下：水深 $d=8.6$ m，开孔深度 $b=8.6$ m，消浪室宽度 $B=5$、10、15 m，前墙开孔率 $\varepsilon_w=0.072$、0.148、0.209。Bennett 等[33]对试验结果进行了傅里叶分析，给出了反射系数谱和频率平均的反射系数。

在文献[33]中没有给出前开孔墙的厚度 δ，Suh 等[34]在将计算结果与 Bennett 等[33]试验结果的对比中选取了一个适度的值 $\delta=15$ cm，这里也选取同样的 δ 来计算阻力系数 f_w。由式(3.6)可得 $f_w=9.14$，再利用式(3.1)来计算各组成波对应的孔隙影响系数 G。图 5.2 给出反射系数谱计算结果与 Bennett 等[33]试验结果的比较，图中横坐标代表频率，纵坐标代表反射系数。可以看出，计算结果可以充分反映出试验结果的变化规律，甚至在曲线峰值剧烈变化处，计算结果和试验结果也可以较好地符合。得到反射系数谱后，便可利用式(5.11)、(5.13)得到频率平均的反射系数。图 5.3 给出反射系数的计算结果与 Bennett 等[33]试验结果的比较，图中横坐标代表试验值，纵坐标代表计算值，如果计算值和试验值完全相等，则图点会落在中间的 $y=x$ 上。从图 5.3 可以看出，反射系数的计算结果与试验结果符合良好。

Suh 等[34]测量了不规则波作用下全开孔沉箱的反射系数。试验中的 B-M 谱采用如下形式：

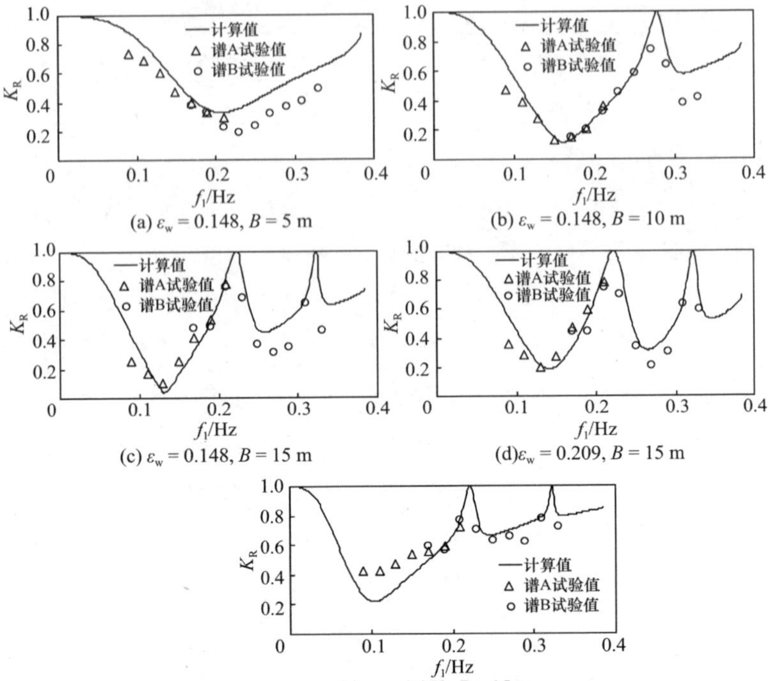

(a) $\varepsilon_w = 0.148$, $B = 5$ m (b) $\varepsilon_w = 0.148$, $B = 10$ m

(c) $\varepsilon_w = 0.148$, $B = 15$ m (d) $\varepsilon_w = 0.209$, $B = 15$ m

(e) $\varepsilon_w = 0.072$, $B = 15$ m

图 5.2 反射系数谱计算结果与 Bennett 等[33]试验结果的比较

Fig. 5.2 Comparison of reflection coefficient spectra between calculation results and experimental results of Bennett, *et al.*[33]

$$S_1(f_1)=0.205H_s^2T_s(T_sf_1)^{-5}e^{-0.75(T_sf_1)^{-4}} \tag{5.22}$$

试验中有效周期 T_s 为 1～2 s，有效波高 H_s 包括 3、6 和9 cm。其他试验条件如下：水深 $d=40$ cm，开孔深度 $b=40$ cm，消浪室宽度 $B=15$、30、45、60 m，前墙开孔率 $\varepsilon_w=0.333$。

在 Suh 等[34]的试验中，开孔墙厚度和水深分别为 1 cm 和 40 cm，由式(3.6)可得 $f_w=8.7$，同样利用式(3.1)来计算各组成波对应的孔隙影响系数 G。图 5.4 给出不规则波反射系数计算结果与 Suh 等[34]试验结果的比较，在计算中有效波高和有效周期采用

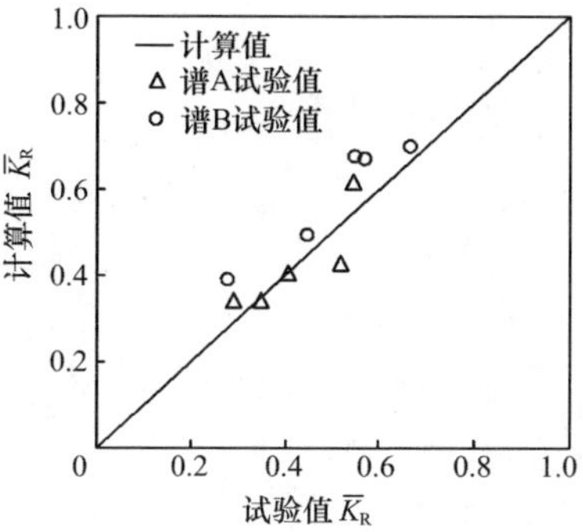

图 5.3 不规则波反射系数计算结果与 Bennett 等[33]试验结果的比较

Fig. 5.3 Comparison of irregular wave reflection coefficient between calculation results and experimental results of Bennett, *et al*.[33]

Suh 等[34]给出的试验实际测量结果。从图中可以看出，当有效波高 H_s=6、9 cm(H_s/d=0.15、0.225)时，计算结果和试验结果符合良好。但是在小波高 H_s=3 cm(H_s/d=0.075)的情况下，计算结果通常要小于试验结果。这可能是因为当前的数学模型在相对波高 H_s/d 很小时，过高地估计了波浪通过前开孔墙时的能量耗散。在实际工程中，研究大波对结构物的作用更有意义，所以本书模型对实际工程而言应该是可信赖的。

图 5.5 给出本章不规则波反射系数计算结果与物理模型试验结果的比较。这里消浪室相对宽度的定义与规则波情况下略有不同，是消浪室宽度 B 与入射波有效波长 L_s 的比值，其中 L_s 是利用入射波有效周期 T_s 根据水波色散方程(4.15)计算得到。在计算中，取相对波高 H_s/d=0.17(H_s=6.7 cm)，开孔墙和填料的基本参数仍然按 4.3.2 节所介绍的进行选取。从图 5.5 可以看出，当开孔率 ε_w=0.4 时，计算结果和试验结果符合良好；但开孔率 ε_w=0.2时，计算结果比试验结果偏于保守。

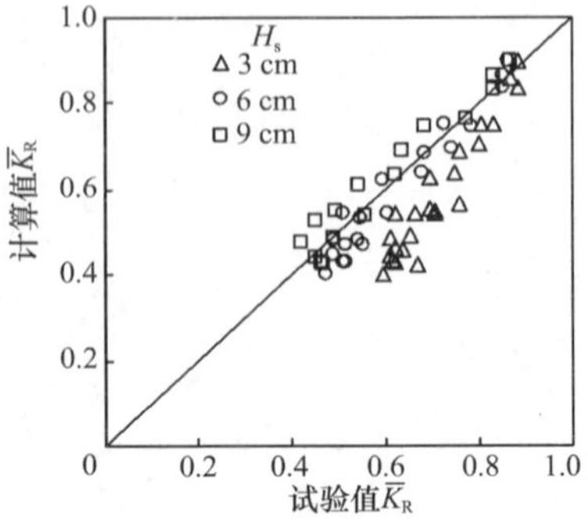

图 5.4 不规则波反射系数计算结果与 Suh 等[34]试验结果的比较

Fig. 5.4 Comparison of irregular wave reflection coefficients between calculation results and experimental results of Suh, *et al*.[34]

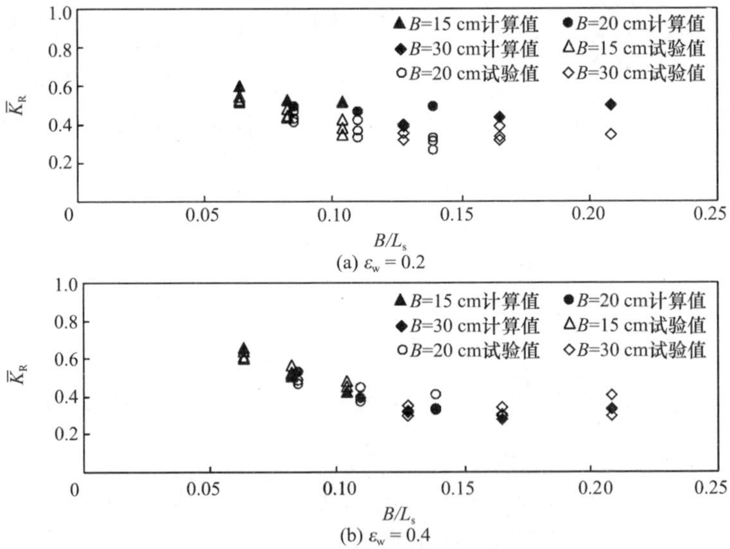

图 5.5 不规则波反射系数计算结果与试验结果的比较

Fig. 5.5 Comparison of irregular wave reflection coefficients between calculation results and experimental results

通过上面计算结果和不同试验结果的对比可以看出，本章所建立数学模型可以较好地计算不规则波作用下开孔沉箱的反射系数。

5.2.3 总波浪力和相位差验证

在上一小节反射系数的验证中是用传递函数法求出反射系数谱，然后再求出频率平均的反射系数。对总波浪力而言，因涉及相位差，需要考虑总波浪力的时间历程线。为了进行比较，本节在模拟总波浪力时间历程线的同时，也用传递函数法计算了总波浪力谱。并将相应的计算结果与不规则波试验结果进行了对比验证。

1. 基本算例

模拟所有不规则波试验工况下总波浪力和入射波波面的时间历程线，在整个模拟中，入射谱在频率范围 $\omega_L \sim \omega_H$ 内同样被等分为 100 份($J=100$)，采样频率和采样总时间与试验一致，分别为 20 Hz和 204.75 s。图 5.6 给出其中一个典型的算例，计算条件为：$T_s=1.15$ s，$H_s=6.7$ cm，$\varepsilon_w=0.2$，$B=20$ cm。其中，图 5.6(a)给出的是入射波在开孔沉箱前墙迎浪面处的波面时间历程线，图 5.6(b)、(c)分别给出相应的总水平波浪力和总垂直波浪力的时间历程线。在图 5.6(a)～(c)中，只给出了前 150 s 的模拟结果以便使图中曲线更加清晰。可以很明显地看出，入射波面和总波浪力的幅值随时间做不规则的波动。为了进一步比较，又将图 5.6(a)～(c)中 120～140 s这一时间段取出，在图 5.6(d)中单独画出。从图 5.6(d)中可以看到总垂直波浪力峰值的出现明显提前于总水平波浪力峰值，这在后面的相位差对比中还会提到。其实，计算结果和试验结果均表明：不规则波条件下总水平波浪力和总垂直波浪力之间的相位关系与规则波条件下是基本类似的。

利用自相关函数法对模拟得到的时间历程线进行了谱分析。在自相关分析中，最大推移乘积个数取 250～300，用哈明窗(Hamming windows)光滑频谱。图 5.7(a)给出图 5.6(a)中入射波波面时间历程线的谱分析结果，同时也给出了入射波的理论谱（靶谱）作为对照。从图 5.7(a)中可以看出，本书较好地模拟了入射波谱。图 5.7(b)、(c)分别给出了图 5.6(b)、(c)中总波浪力时间历程线的谱分析结果，并同时给出用传递函数法得到的相应结果作为对照。从中可以看出，通过自相关函数法得到的总波浪力谱与用传递函数法得到的计算结果十分接近，这是合理的。通过图 5.6、5.7 的分析，从理论上说明本书关于不规则波总波浪力时间历程线的模拟结果是可信的。

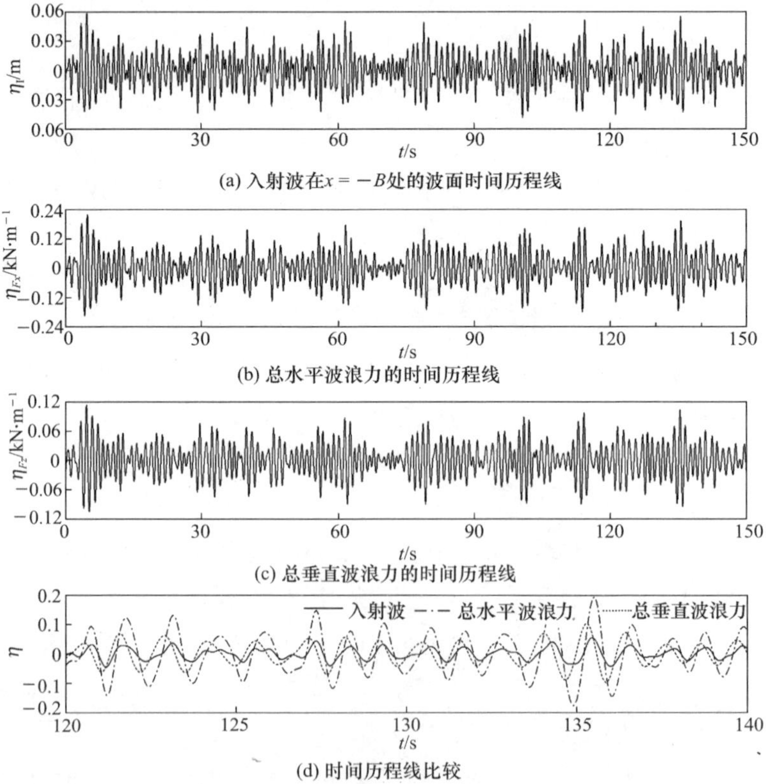

图 5.6　入射波和总波浪力的时间历程线

Fig. 5.6　Time history of incident waves and total wave forces

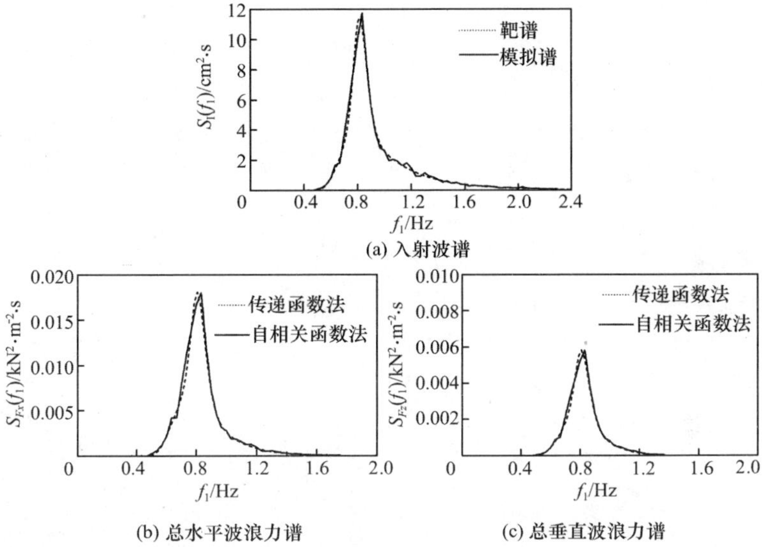

图 5.7 入射波谱和总波浪力谱

Fig. 5.7 Spectra of incident waves and total wave forces

2. 总波浪力

首先将试验得到的总波浪力时间历程线进行自相关分析，将得到的总波浪力谱与数学模型计算结果（传递函数法）进行比较。图 5.8 给出 3 组代表性的比较结果，图中对频谱进行了无因次化，横坐标为频率 f_1 除以模型计算谱的谱峰频率 f_{1p}，纵坐标为谱密度函数 $S(f_1)$ 除以模型计算谱的谱峰密度 $S(f_{1p})$。图 5.8(a)、(b) 给出的是总波浪力谱计算结果与试验结果符合最好的情况（同时考虑总水平波浪力谱和总垂直波浪力谱），试验条件为：$T_s = 1.15$ s，$\varepsilon_w = 0.4$，$B = 20$ cm。图 5.8(c)、(d) 的试验条件为：$T_s = 0.99$ s，$\varepsilon_w = 0.4$，$B = 30$ cm。图 5.8(e)、(f) 则给出总波浪力谱计算结果与试验结果符合最差的情况，试验条件为：$T_s = 1.38$ s，$\varepsilon_w = 0.2$，$B = 15$ cm。从图 5.8 可以看出，试验和计算得到的总波浪力谱形状是比较一致的，并且与图5.7(a)中入射波谱形状类似。不过，试验所得频谱尤其是总水平波浪力谱在低频区有小部分的能量产生，这应该是由造波板启动时产生的低频长波所致，这部分能量在后面总波浪力的比较中已经去掉。在总波浪力谱的比较中，虽然有几组工况的计算结果与试验结果差别较大，但总体来说两者符合较好，这也可以从图 5.9 中得到证实。图 5.9 给出的是总水平波浪力和总垂直波浪力有效值计算结果与试验结果的比较，这里的有效值都是通过式(5.12)、(5.14)积分总波浪力谱得到，并将力的有效值除以 $\rho g d H_s$ 进行无因次化。可以看出，总水平波浪力和总垂直波浪力的计算值和试验值都符合得较好。

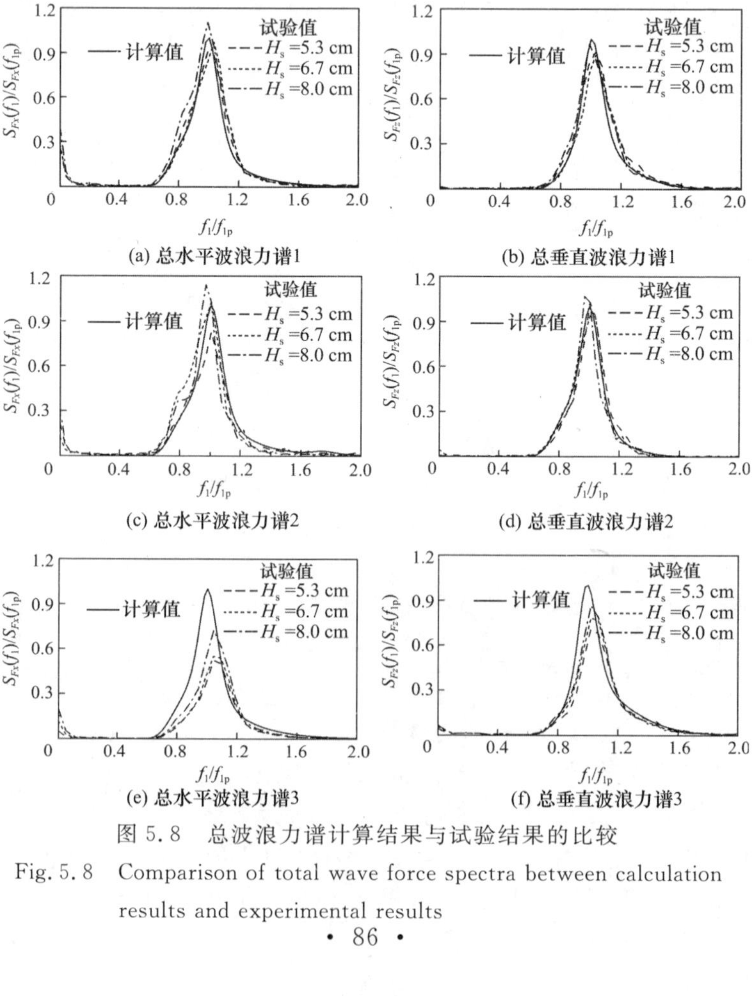

图 5.8　总波浪力谱计算结果与试验结果的比较

Fig. 5.8　Comparison of total wave force spectra between calculation results and experimental results

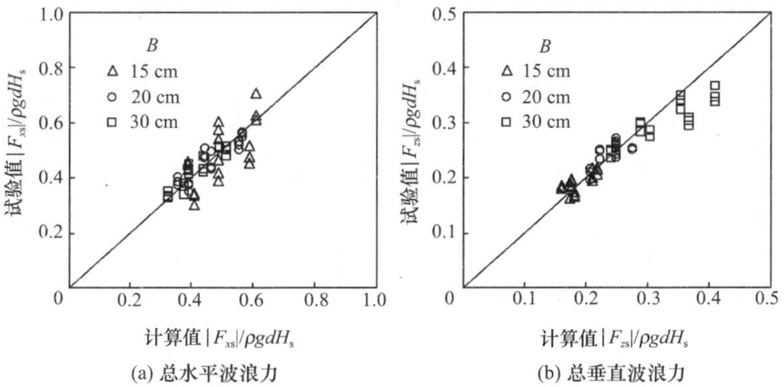

图 5.9 总波浪力有效值计算结果与试验结果的比较

Fig. 5.9 Comparison of total wave force effective values between calculation results and experimental results

值得注意的是，本书的不规则波数学模型实际上仍然是线性模型，因此所得总波浪力的峰、谷值是相等的。但是在物理模型试验中，波浪还是存在一定非线性的，总波浪力的峰、谷值并不相等，因此图 5.9 中对试验所得频谱积分得到的波浪力有效值实际上是波峰与波谷值的平均结果。我们知道，总波浪力的有效值还可以通过对力的时间历程线做上跨 0 统计分析得到。这里也将用上跨 0 统计分析所得总波浪力峰值的有效值与采用谱积分得到的相应结果进行比较，比较结果在图 5.10 中给出。其中，图 5.10(a)为采用这两种不同方法得到的模型计算结果的比较，可以看出，两种方法得到的结果基本是一致的，这也再次证明了本书模拟结果的合理性。图5.10(b)为采用这两种不同方法得到的试验结果的比较，从图中可以看出，用上跨 0 统计方法得到的有效值结果一般要稍大一些，对于总水平波浪力而言这尤为突出。考虑到试验中波浪的非线性，这种结果也是很合理的。

在工程设计中，考虑不规则波波浪力的 1%值($F_{1\%}$)和 1/10 大值($F_{1/10}$)可能更有意义。为此，在对总波浪力时间历程线的计算和试验结果进行统计分析时，也同时分析了总波浪力的 1%值和 1/10大值。但是，对试验结果的分析发现，由于数据采样时间的限制，波浪力 1%值的重复性并不是很好(试验中每个组次至少重复 3 次)。所以，这里只是将计算和试验所得总波浪力 1/10 大值的峰值统计结果进行比较，如图 5.11 所示。很明显，由于波浪的非线性，图 5.11 中计算结果和试验结果的符合程度不如图 5.9，图中点相对比较离散。但是，综合考虑本小节中模型计算结果与试验结果的比较，可以说明本章数学模型关于不规则波作用下局部开孔沉箱总水平波浪力和总垂直波浪力的计算结果是可信赖的。

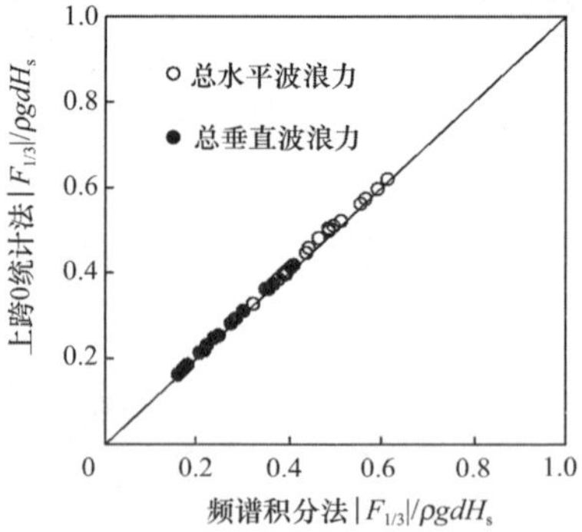

(a) 计算结果比较

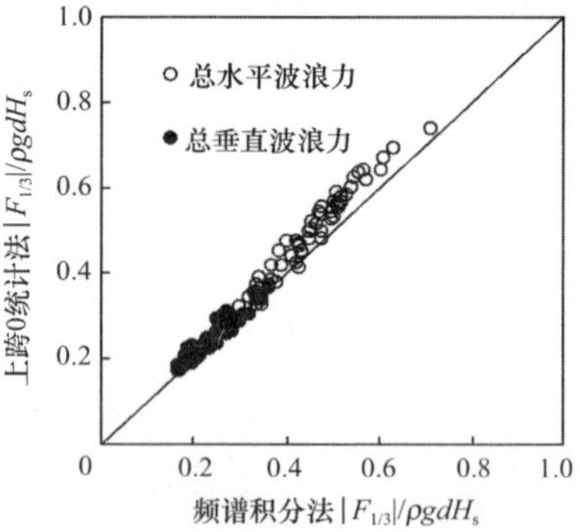

(b) 试验结果比较

图 5.10　上跨 0 统计方法和频谱积分方法总波浪力有效值的比较

Fig. 5.10　Comparison of total wave force effective values between the zero-up cross statistical method and spectral integral method

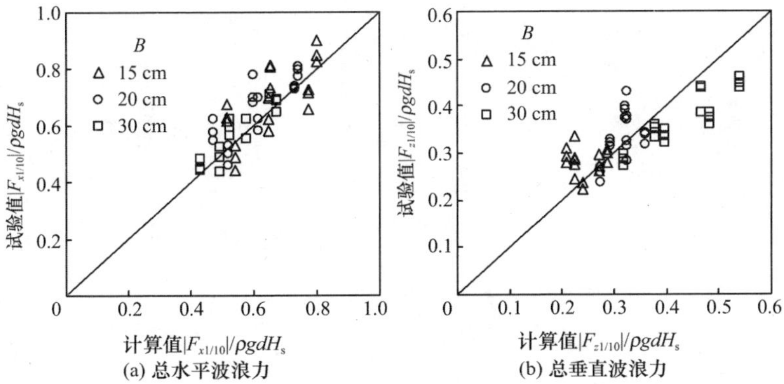

图 5.11　总波浪力 1/10 大值的计算结果与试验结果的比较

Fig. 5.11　Comparison of total wave force $F_{1/10}$ between calculation results and experimental results

3. 相位差

在上一章规则波与带填料局部开孔沉箱相互作用的分析中，已经详细地探讨了总水平波浪力和总垂直波浪力峰值之间的相位关系：规则波作用下，总垂直波浪力峰值的出现明显提前于总水平波浪力峰值，这一相位差的存在对波峰作用下的结构物的稳定是有利的。对于本章不规则波问题，分析结果表明，总波浪力峰值之间的相位关系仍然存在，并且与规则波条件下基本类似。这在图 5.6 总波浪力的时间历程线模拟结果分析中已经做了初步说明。图 5.12 给出典型工况下试验所得总水平波浪力和总垂直波浪力以及其组成部分的时间历程线，具体的试验条件为：$T_s=1.15$ s，$H_s=6.7$ cm，$B=30$ cm，$\varepsilon_w=0.2$、0.4。图中各波浪力符号的代表意义与图4.15中的定义相同，并可以参照图 5.12 中的沉箱受力示意图。同样定义水平波浪力的正方向水平向右，垂直波浪力的正方向竖直向上。对比图 5.12 和图4.15，可以看出各力的相位关系在不规则波与规则波作用下是基本类似的。总垂直波浪力峰值的出现同样明显提前于相应的总水平波浪力峰值，并且试验中开孔率为 0.4 时的相位差通常要比开孔率为 0.2 时大。

通过比较总水平波浪力和总垂直波浪力的时间历程线，也得到了不同工况下总波浪力峰值的相位差 Δt。对于不规则波，将相位差 Δt 取为总波浪力前 1/10 大值所对应相位差的平均值，并将 Δt 除以半个有效周期 $T_s/2$ 来无因次化（规则波情况下，最大相位差为半个波浪周期）。图 5.13（a）给出无因次相位差 $\Delta t/(T_s/2)$ 的数学模型计算结果与试验结果的比较，可以看出，数学模型计算结果普遍偏大。这一方面与试验中波浪的非线性有关，在 4.3.2 节已经提到，波浪的非线性要带来波形的不对称，除了波峰值升高外，波峰对应的半周期也会相应缩短。另一方面，不规则波系中实际波长小于按照其周期由线性色散关系计算所得波长，文圣常等[35]给出不规则波列中平均波长为线性波理论计算值的 2/3 倍，李玉成等[36]根据模型试验结果建议不规则波列破碎时的波长值取线性波理论值的 0.75 倍。综合这两方面的因素，使得本章线性波理论下无因次相位差的计算结果普遍偏大，并且不规则波条件下数学模型计算结果与试验结果的符合程度要比前面规则波条件下差。将计算结果与试验结果比较的相对误差（Error）定义如下：

$$相对误差=(计算值-试验值)/计算值\times 100\% \tag{5.23}$$

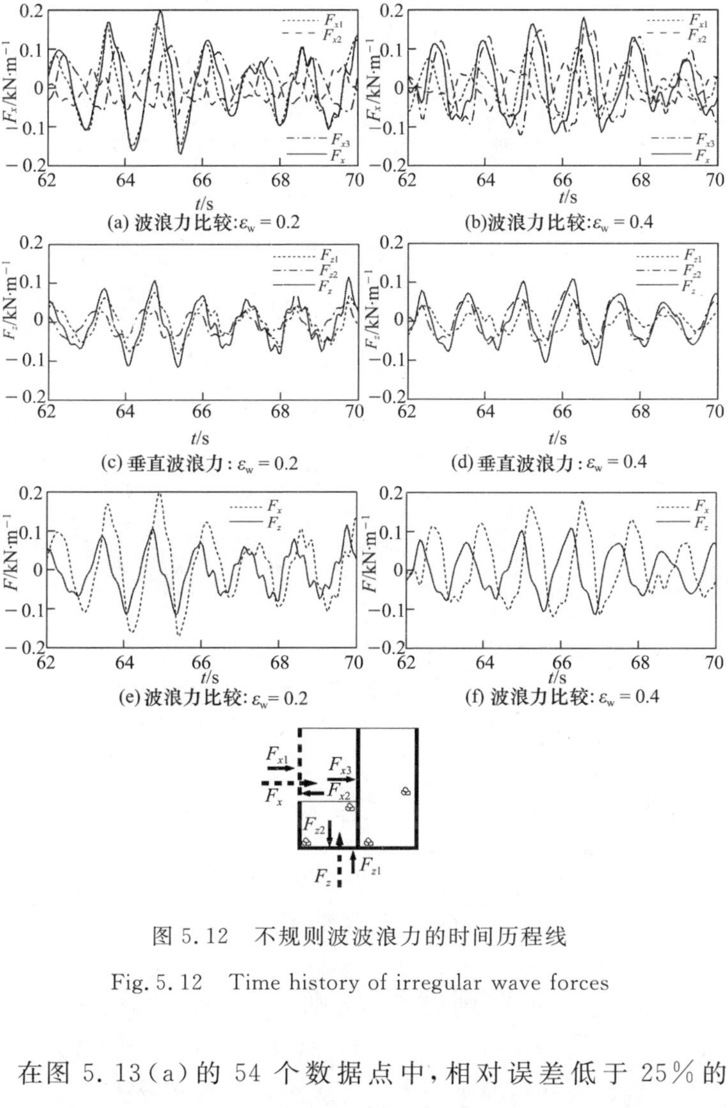

图 5.12　不规则波波浪力的时间历程线

Fig. 5.12　Time history of irregular wave forces

在图 5.13(a)的 54 个数据点中，相对误差低于 25%的占 70.4%，相对误差低于 35%的占 87%。对所有的试验数据点做回归分析，马宝联[37]给出一个计算不规则波作用下开孔沉箱总水平波浪力与总垂直波浪力峰值相位差的经验式：

$$\frac{\Delta t}{T_s/2}=0.018+0.954\left(\frac{B}{L_s}\right)+0.198\left(\frac{d}{L_s}\right)+0.648\varepsilon_w \quad (5.24)$$

这个经验式的相关系数为 0.839,经验式计算结果与试验结果的比较在图 5.13(b)中给出。可以看出,这个经验式的计算结果与试验结果符合良好,需要注意的是这个经验式只能在模型试验条件下适用:$B/L_s=0.064\sim0.209$,$d/L_s=0.17\sim0.278$,$\varepsilon_w=0.2$、0.4,$b/d=0.5$。经验式(5.24)可以作为本章数学模型的一个很好的补充。

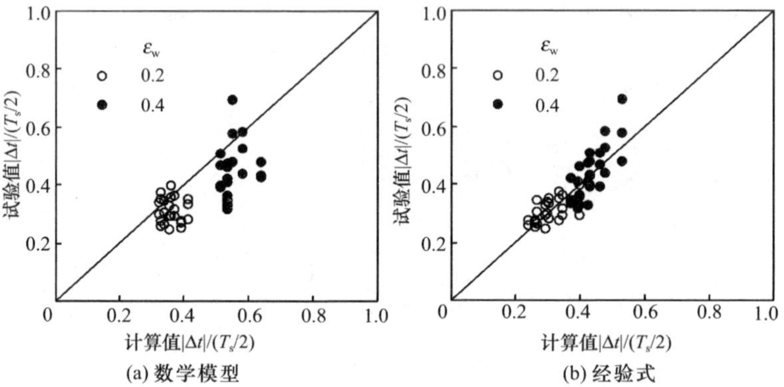

图 5.13　无因次相位差计算结果与试验结果的比较

Fig. 5.13　Comparison of dimensionless phase differences between calculation results and experimental results

5.3　不规则波与规则波结果的比较

上一章和本章分别建立了规则波和不规则波与局部开孔沉箱相互作用的数学模型,并进行了相应的物理模型试验。本节将规则波和不规则波条件下反射系数、总水平波浪力和总垂直波浪力的相应结果进行比较，希望通过比较来得到一些有意义的结论。

比较时基本波要素的选取原则如下：规则波的周期 T 对应不规则波的平均周期 $\overline{T}$，规则波的波高 H 对应不规则波的 1%波高 $H_{1\%}$。按照这一原则，从表 4.1、5.1 中可以选出 7 组基本符合要求（$T\approx\overline{T}$，$H\approx H_{1\%}$）的试验波要素，这些波要素在表 5.2 中列出。在比较中，将规则波反射系数 K_R 与频率平均的不规则波反射系数 $\overline{K}_R$ 进行比较，将规则波条件下总波浪力 F 与不规则波条件下总波浪力的 1%值 $F_{1\%}$ 进行比较，并分别比较规则波和不规则波的数学模型计算结果和物理模型试验结果。

表 5.2　规则波和不规则波试验条件

Tab. 5.2　Experimental conditions of regular and irregular waves

规则波		不规则波	
T/s	H/cm	T_s/s	H_s/cm
1.20	8.0	1.38	5.3
1.00	8.0	1.15	5.3
0.86	8.0	0.99	5.3
1.20	10.0	1.38	6.7
1.00	10.0	1.15	6.7
1.20	12.0	1.38	8.0
1.00	12.0	1.15	8.0

图 5.14 给出规则波和不规则波反射系数计算结果的比较，基本的计算条件为：$k_0d=\overline{k}_0d=1.3$（波数 $\overline{k}_0$ 与不规则波平均波长 $\overline{L}$ 对应），$b/d=0.5$，$\delta/d=0.025$，$f_w=8.7$，$f_r=2$，$\varepsilon_r=0.45$，$s_w=s_r=1$。图中包括前墙开孔率 ε_w 为 0.2 和 0.4 的两种不同情况，横坐标代表消浪室相对宽度 B/L（$B/\overline{L}$），纵坐标代表反射系数 K_R

($\overline{K}_R$)。在计算不规则波反射系数时，分别采用了式(5.18)所给出的 JONSWAP 谱(谱峰升高因子 $\gamma=3.3$)和如下形式的B-M谱[32]：

$$S_I(f_1)=0.257H_s^2T_s(T_sf_1)^{-5}e^{-1.03(T_sf_1)^{-4}} \tag{5.25}$$

从图 5.14 中可以看出，随着消浪室相对宽度的增加，不规则波和规则波反射系数的变化规律是类似的。从图中还可以看出，不规则波反射系数的最小值要大于相应规则波反射系数最小值，但是，不规则波反射系数的最大值要小于相应规则波反射系数的最大值。这主要是因为不规则波反射系数是频率平均的结果，其值不会太大或太小。还需要注意的是，由 JONSWAP 谱计算所得反射系数最小值要小于 B-M 谱；但由 JONSWAP 谱计算所得反射系数最大值要大于 B-M 谱。这应该是由于 JONSWAP 谱的能量分布比 B-M 谱更为集中所致。从图 5.14 中还可以看出，在工程常用条件下($B/L<0.25$)，不规则波反射系数的计算结果通常要大于相应规则波条件下反射系数的计算结果。

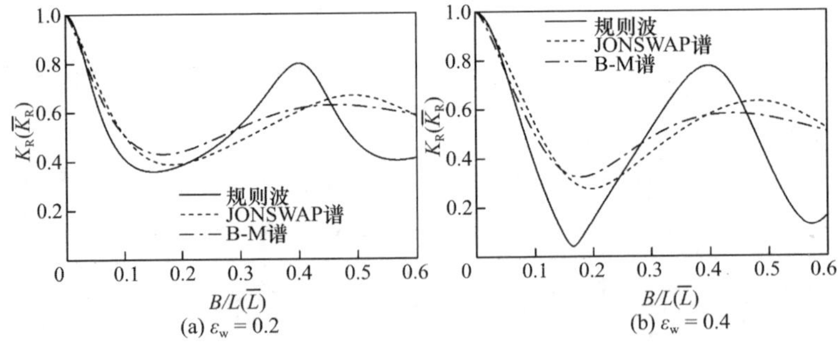

图 5.14 规则波和不规则波反射系数计算结果的比较

Fig. 5.14 Comparison of reflection coefficient calculation results between regular and irregular waves

按照表 5.2 给出的对应工况，将不规则波和规则波反射系数的试验结果也进行了比较，图 5.15 给出比较结果，其中横坐标仍为消浪室相对宽度，纵坐标为不规则波反射系数和规则波反射系数的比值。可以看出，在试验条件下，不规则波反射系数通常要大于相应的规则波反射系数，这与图 5.14 中的模型计算结果是一致的。此外，开孔率为 0.4 时不规则波与规则波反射系数的比值通常要比开孔率为 0.2 时大，尤其是在 $B/L=0.1\sim0.18$ 的范围，这通过比较图 5.14(a)、(b)也可以很清楚地观察到。

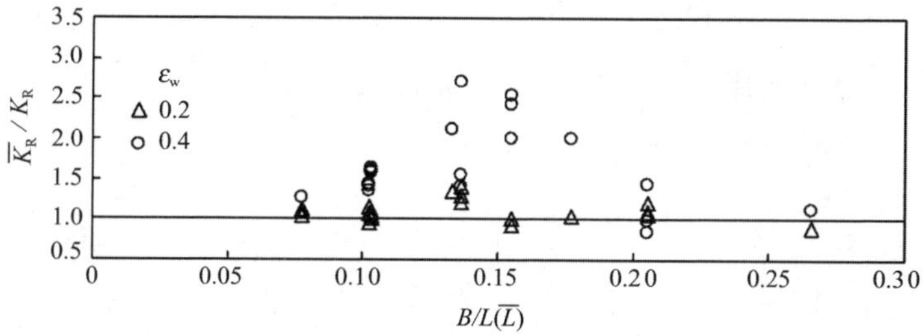

图 5.15　规则波和不规则波反射系数试验结果的比较

Fig. 5.15　Comparison of reflection coefficient experimental results between regular and irregular waves

按照表 5.2 给出的对应工况，也将局部开孔沉箱上不规则波和规则波作用下的总水平波浪力和总垂直波浪力进行了比较，图 5.16、5.17 分别给出总波浪力模型计算结果和试验结果的比较，图中横坐标为消浪室相对宽度，纵坐标为不规则波总波浪力 1%值和规则波总波浪力的比值。从图 5.16、5.17 可以看出，在本书试验条件下，不规则波的波浪力通常要大于相应规则波的波浪力，这与上面所分析的反射系数结果是一致的。从图 5.16 中波浪力计算结果的对比可以发现，开孔率为 0.4 时不规则波与规则波总水平波浪力的比值要稍大于开孔率为 0.2 时，但开孔率为 0.4 时不规则波与规则波总垂直波浪力的比值通常要小于开孔率为 0.2 时。在前文中也提到，不规则波试验中总波浪力 1%值的统计结果重复性并不太好，因此在图 5.17 总波浪力试验结果的对比中数据点相对比较离散，难以像图 5.15 中反射系数那样进行深入的分析。

综合以上的分析，对局部开孔沉箱而言，在本书试验条件下（工程常用条件下），不规则波作用下的反射系数、总水平波浪力、总垂直波浪力通常要大于相应规则波作用下的结果，因此，在实际工程中推荐使用不规则波的相关成果。

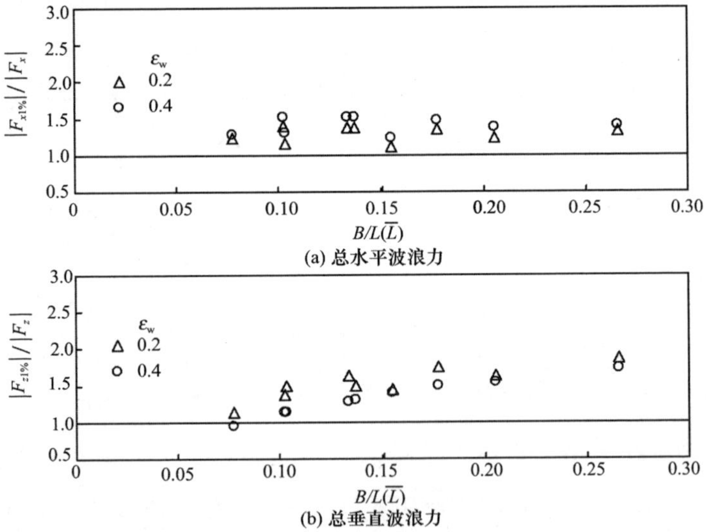

图 5.16　规则波和不规则波总波浪力计算结果的比较

Fig. 5.16　Comparison of total wave force calculation results between regular and irregular waves

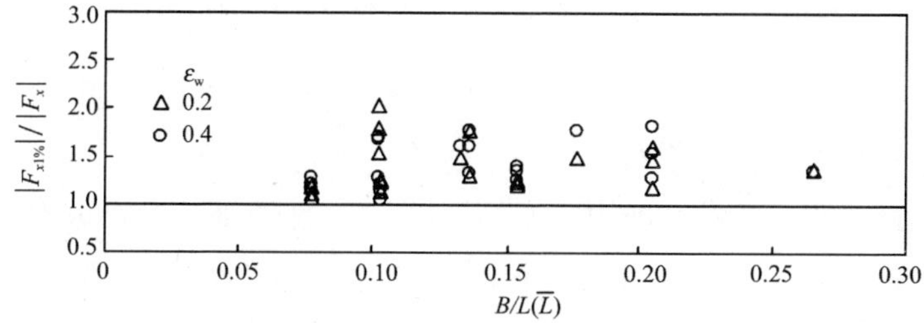

(a) 总水平波浪力

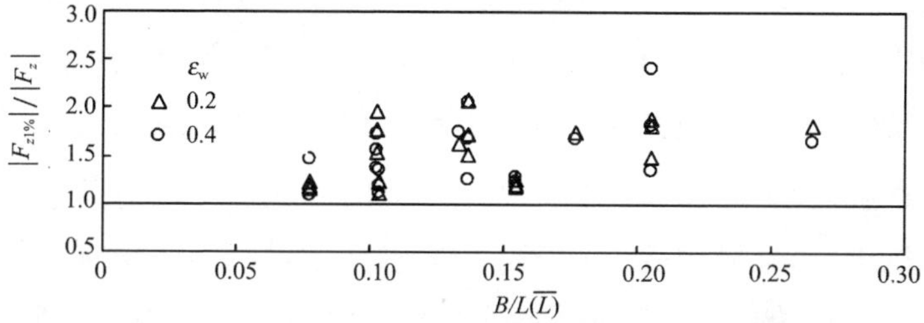

(b) 总垂直波浪力

图 5.17 规则波和不规则波总波浪力试验结果的比较

Fig. 5.17 Comparison of total wave force experimental results between regular and irregular waves

5.4 明基床上开孔沉箱反射系数求解的近似方法

在实际工程中，沉箱有时会安放在明基床上，此时，明基床前边坡的存在使其所处区域的边界形状不规则，因此波浪与明基床上开孔沉箱相互作用的理论解的推导和计算过程更为烦琐。常用的做法是在边界形状不规则的区域内对速度势做伽辽金特征展开[38]，然后与其他区域内的速度势进行匹配得到求解整个问题的基本方程，最后采用有限差分等数值方法对基本方程进行离散求解。采用这一思路，Zhu 等[17]分析了明基床上由一多孔直立墙(具有一定厚度)和一后实体墙组成的直立消波结构的反射特性。Suh 等[39-40]计算了明基床上全开孔和局部开孔沉箱的反射系数。由于伽辽金特征函数法要求计算区域内水深变化是连续的，不能有突变，Suh 等[40]在计算明基床上局部开孔沉箱反射系数时，把沉箱前直立墙下端不开孔部分假定为一陡坡。

为了便于工程中应用，本节给出一个明基床上局部开孔沉箱反射系数的近似计算方法。在前文的分析中已经提到，在工程常用条件下沉箱内填料对反射系数影响不明显，因此在本节反射系数的近似计算中将沉箱内填料和明基床都简单地视为实体结构。图 5.18(a)给出明基床上局部开孔沉箱的理想化示意图，其中基床前水深为 h，基肩上水深为 d，明基床厚度为 h_m，则 $h=d+h_m$；前基肩宽度为 w，前墙厚度为 δ，消浪室宽度为 B，消浪室内水深为 b，静水位以上结构物高度为 h_u。图 5.18(b)给出为了方便计算所采用的近似等效结构，其实就是将明基床简单地处理为一直立结构，这样就可以用上一章和本章所建立的数学模型来计算规则波和不规则波的反射系数。在计算反射系数时，首先仍然要利用式(3.1)、(3.6)来确定前开孔墙的孔隙影响系数。需要特别强调的是，在用式(3.6)计算开孔墙阻力系数时，应该用明基床上的水深 d，而不应该用基床前水深 h。

下面就通过与 Park 等[41]、Suh 等[40]以及 Tanimoto 等[42]的试验结果对比来检验上述反射系数近似计算方法的可行性。

Park 等[41]试验测量了规则波作用下明基床上局部开孔沉箱的反射系数，随后 Suh 等[40]又采用与 Park 等[41]完全相同的模型结构与试验水深，测量了局部开孔沉箱在不规则波作用下的反射系数。在他们的试验中，明基床厚度 $h_m=24$ cm，前基肩宽度 $w=25$ cm，基床前坡角为 1∶2，明基床前水深 $h=50$ cm，消浪室内水深 $b=17$ cm，消浪室宽度 $B=15$、20、25 cm，前墙开孔率 $\varepsilon_w=$

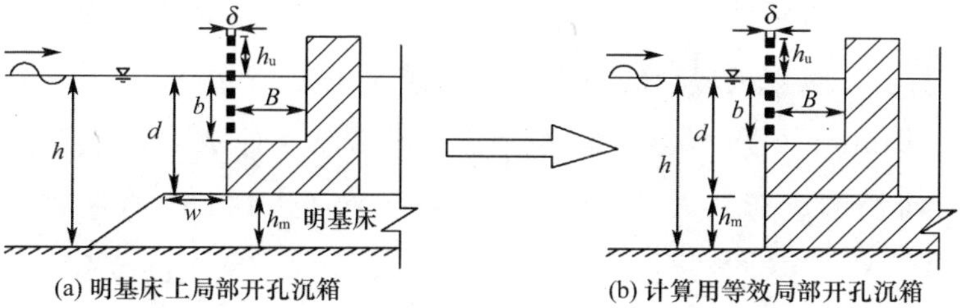

图 5.18　明基床上局部开孔沉箱示意图

Fig. 5.18　Sketch of a partially perforated caisson on rubble mound foundation

0.333。模型的试验条件在表 5.3 中列出。试验中结构物在静水位以上高度 $h_u=12$ cm，整个试验中无越浪，波浪没有破碎。在 Suh 等[39]不规则波试验中入射波谱采用 B-M 谱，谱的表达式与式(5.22)一致。试验中前开孔墙厚度 $\delta=1$ cm，明基床上水深 $d=26$ cm，则根据式(3.6)前开孔墙阻力系数取为 6.96。图5.19给出采用近似方法计算得到的反射系数结果与 Park 等[41]规则波试验结果的比较，图中横坐标代表消浪室宽度 B 与消浪室内波长 L_1 的比值，纵坐标代表规则波反射系数 K_R。可以看出，计算结果和试验结果符合良好。图 5.19 中 Park 等[41]的试验数据在 Suh 等[40]的文章中也可以找到。图 5.20(a)给出本书近似方法得到的不规则波反射系数计算结果与 Suh 等[40]试验结果的比较，而图5.20(b)则给出该试验条件下本书计算结果与 Suh 等[40]计算结果的比较。在计算中，有效波高 H_s 和有效周期 T_s 采用的是 Suh 等[40]试验中的实测值，这与表 5.3 中给出的值略有差别，在计算中将入射波谱分为 100 份。Suh 等[40]计算反射系数的数学模型是基于伽辽金特征展开得到，这在本节开始时已做了介绍。从图5.20可以看出，本节近似方法的计算结果与 Suh 等[40]的试验结果和计算结果都是比较接近的，尤其是有效波高为 5 cm 时，但是在有效波高为 10 cm 时，本书近似方法得到的结果通常要保守一些。

Tanimoto 等[42]也试验测量了不规则波条件下明基床上局部开孔沉箱的反射系数。试验中基床前水深 $h=42$ cm，前基肩宽度 $w=20$ cm，基床前坡角为 1∶2，试验中明基床厚度 h_m 包括 10 cm 和 15 cm 两种，共有 10 个试验组次，各组次的基本试验条件和模型参数在表 5.4 中列出。需要说明的是，试验中的大波高情况下可能会有少量越浪。试验中不规则的频谱采用 B-M 谱，具体形式与式(5.25)一致。图 5.21 给出本书近似方法的计算结果与 Tanimoto 等[42]试验结果的比较，在计算中根据第 3 章的分析结果将开孔墙阻力系数取为 2，并同样将入射波谱分为 100 份。图 5.21(a)给出的是试验组次 1～6 的计算结果与试验结果的比较，可以看出计算结果与试验结果符合较好，在这 6 组试验条件下开孔墙厚度为 3 cm。图 5.21(b)给出的是试验组次 7～10 的计算结果与试验结果的比较，可以看出计算结果比试验结果偏大，并且部分计算值与试验值偏差很大。在这 4 组试验条件下开孔墙厚度为 6 cm，而沉箱前水深仅为 27 cm，这要超出开孔“薄”墙的定义范围，此时仍采用本书方法来计算反射系数似乎并不合适，这应该是图 5.21(b)中计算结果与试验结果偏差较大的主要原因。

表 5.3 Park 等[41]和 Suh 等[40]试验条件

Tab. 5.3 Experimental conditions of Park, *et al*.[41] and Suh, *et al*.[40]

Park 等[41]规则波试验		Suh 等[40]不规则波试验	
入射波周期 T/s	入射波波高 H/cm	入射波有效周期 T_s/s	入射波有效波高 H_s/cm
0.7～1.8	5	1.0～2.0	5
0.9～1.8	10	1.3～2.0	10

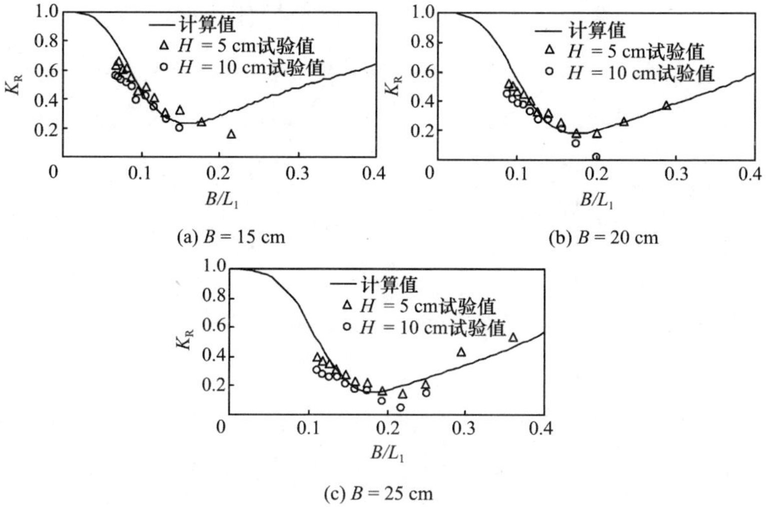

(a) B = 15 cm　(b) B = 20 cm　(c) B = 25 cm

图 5.19　规则波反射系数计算结果与 Park 等[41]试验结果的比较

Fig. 5.19　Comparison of regular waves reflection coefficients between calculation results and experimental results of Park, *et al*.[41]

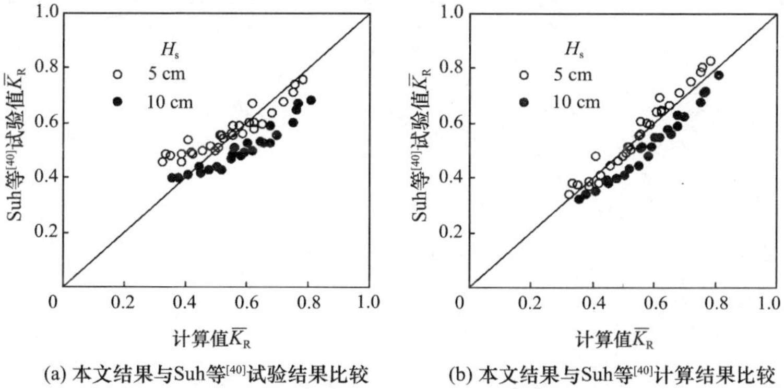

(a) 本文结果与Suh等[40]试验结果比较　(b) 本文结果与Suh等[40]计算结果比较

图 5.20　不规则波反射系数计算结果与 Suh 等[40]结果的比较

Fig. 5.20　Comparison of irregular waves reflection coefficients between calculation results and results of Suh, *et al*.[40]

表 5.4　Tanimoto 等[42]试验条件和模型参数

Tab. 5. 4　Experimental conditions and model parameters of Tanimoto, *et al*.[42]

试验组次	d/cm	b/cm	h_u/cm	h_m/cm	δ/cm	B/cm	T_s/s	H_s/cm
1	32	28	10	10	3	17	1.10～2.19	5.27～20.6
2	32	28	10	10	3	20	2.09～2.17	9.89～19.4
3	32	28	10	10	3	32	1.03～2.16	4.54～18.5
4	32	28	10	10	3	50	1.04～2.02	3.97～14.3
5	27	22	16	15	3	17	1.12～2.14	6.55～16.6
6	27	22	16	15	3	32	1.00～2.12	6.75～16.5
7	27	22	16	15	6	14	1.11～2.09	12.6～17.6
8	27	22	16	15	6	17	1.10～2.09	13.7～16.3
9	27	22	16	15	6	30	1.09～2.03	13.4～16.0
10	27	22	16	15	6	32	1.09～2.07	13.0～15.7

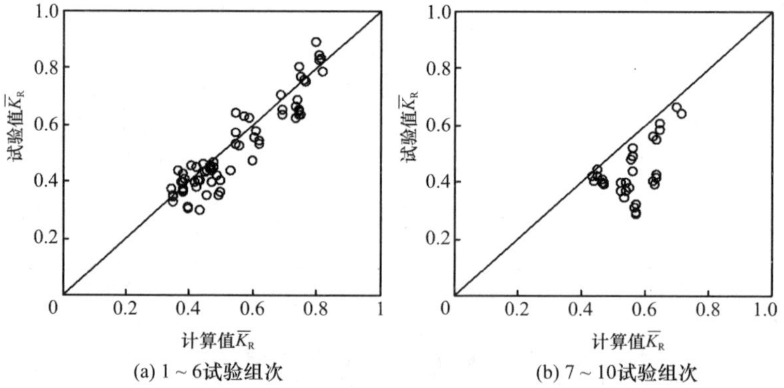

图 5.21　不规则波反射系数计算结果与 Tanimoto 等[42]试验结果的比较

Fig. 5. 21　Comparison of irregular waves reflection coefficients between calculation results and experimental results of Tanimoto, *et al*.[42]

通过以上计算结果与不同研究者试验结果的比较，说明本节所提出的反射系数近似计算方法还是可行的。该近似方法计算简单，具有很好的可操作性，在工程中可以用来计算规则波和不规则波作用下明基床上局部开孔沉箱的反射系数。

6　斜向波与带横隔板局部开孔沉箱的相互作用

前面两章研究了正向波与局部开孔沉箱的相互作用，本章将从理论上来分析斜向波与局部开孔沉箱的相互作用。实际工程中，开孔沉箱防波堤沿长度方向具有横隔板，当波浪正向入射时，可忽略横隔板的影响。但是当波浪斜向入射时，则需要考虑横隔板的存在对波浪场的影响，这也增加了理论求解的复杂程度。本章基于线性势流理论推导了斜向波与带横隔板局部开孔沉箱相互作用的理论解，并计算和分析了斜向波作用下局部开孔沉箱的反射系数和总水平波浪力。

6.1　数学模型的建立与求解

6.1.1　控制方程和边界条件

图 6.1 给出这一问题的理想化示意图。无穷多带横隔板局部开孔沉箱排成一列，并受到斜向入射波的作用，入射波波高为 H、波长为 L，入射波方向与结构物法线方向的夹角为 θ。沉箱前水深为 d，沉箱前墙开孔深度为 b，消浪室宽度为 B，单个沉箱长度为

W。采用三维笛卡尔坐标系来描述该问题，坐标原点 O 位于某一沉箱横隔板、消浪室后墙以及静水面的交点处，z 轴垂直向上，y 轴沿消浪室后墙方向，x 轴垂直结构物指向流域外。在考虑波浪与整个开孔墙式防波堤作用时，由于入射波波长远远大于前开孔墙和横隔板的厚度，因此将开孔墙和横隔板的厚度忽略不计。

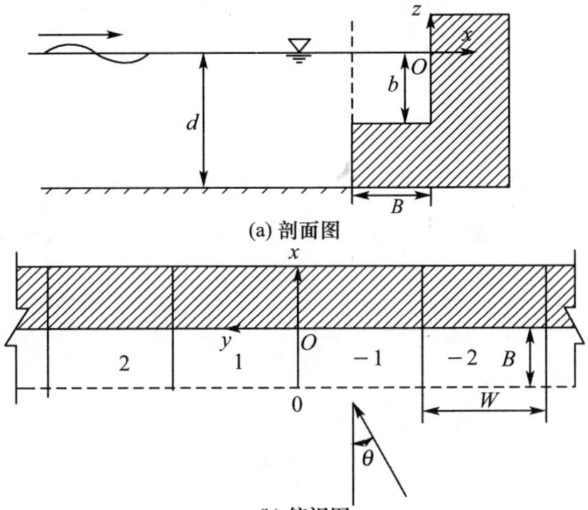

图 6.1　斜向波与带横隔板局部开孔沉箱相互作用示意图

Fig. 6.1　Sketch of interaction between oblique wave and partially perforated caissons with transverse walls

为了求解方便，将整个流域按开孔沉箱形状分成无穷多个区域：区域 0 为开孔墙式防波堤前的整个区域；区域 l ($l=\pm1,\pm2,\cdots$)为第 l 个开孔沉箱消浪室内的区域。

假定流体是无黏不可压缩的理性流体，流体的运动是无旋的。考虑角频率为 ω 的规则波作用，各个区域内波浪运动的速度势、动水压力和波面可分别写为

$$\Phi(x,y,z,t)=\mathrm{Re}[\varphi(x,y,z)\mathrm{e}^{-\mathrm{i}\omega t}] \tag{6.1}$$

$$P(x,y,z,t)=\mathrm{Re}[p(x,y,z)\mathrm{e}^{-\mathrm{i}\omega t}] \tag{6.2}$$

$$\xi(x,y,t)=\mathrm{Re}[\eta(x,y)\mathrm{e}^{-\mathrm{i}\omega t}] \tag{6.3}$$

其中 $\varphi(x,y,z)$、$p(x,y,z)$ 和 $\eta(x,y)$ 分别为与时间无关的空间速度势、动水压力和波面。

在每个区域内，速度势均满足三维拉普拉斯方程：

$$\frac{\partial^2\varphi_l(x,y,z)}{\partial x^2}+\frac{\partial^2\varphi_l(x,y,z)}{\partial y^2}+\frac{\partial^2\varphi_l(x,y,z)}{\partial z^2}=0;l=0,\pm1,\pm2,\cdots \tag{6.4}$$

其中下标 l 用来代表区域 l 内的变量。

速度势还应该满足以下的边界条件。在静水面处，线性化自由水面条件为

$$\frac{\partial\varphi_l}{\partial z}=\frac{\omega^2}{g}\varphi_l,z=0;l=0,\pm1,\pm2,\cdots \tag{6.5}$$

其中 g 为重力加速度。在不可透的水底，边界条件为

$$\frac{\partial\varphi_0}{\partial z}=0,x<-B,z=-d \tag{6.6}$$

$$\frac{\partial\varphi_l}{\partial z}=0,-B<x<0,z=-b;l=\pm1,\pm2,\cdots \tag{6.7}$$

在消浪室后实体墙、横隔板以及前墙底部不开孔部分，不可透物面条件为

$$\frac{\partial\varphi_l}{\partial x}=0,x=0,-b<z<0,\begin{cases}(l-1)W<y<lW; & l=1,2,\cdots\\ lW<y<(l+1)W; & l=-1,-2,\cdots\end{cases} \tag{6.8}$$

$$\frac{\partial\varphi_l}{\partial y}=0,-B<x<0,-b<z<0,\begin{cases}y=(l-1)W,lW; & l=1,2,\cdots\\ y=lW,(l+1)W; & l=-1,-2,\cdots\end{cases} \tag{6.9}$$

$$\frac{\partial\varphi_0}{\partial x}=0, x=-B, -d<z<-b \tag{6.10}$$

在前开孔墙，开孔边界条件为[11]

$$\frac{\partial\varphi_0}{\partial x}=\frac{\partial\varphi_l}{\partial x}, x=-B, -b<z<0, \begin{cases}(l-1)W<y<lW; & l=1,2,\cdots\\ lW<y<(l+1)W; & l=-1,-2,\cdots\end{cases} \tag{6.11}$$

$$\frac{\partial\varphi_l}{\partial x}=\mathrm{i}k_0G(\varphi_0-\varphi_l), x=-B, -b<z<0, \begin{cases}(l-1)W<y<lW; & l=1,2,\cdots\\ lW<y<(l+1)W; & l=-1,-2,\cdots\end{cases} \tag{6.12}$$

其中 k_0 为入射波波数，G 为孔隙影响系数。

对于斜向入射的规则波，入射波的速度势 φ_{I} 可表示为

$$\varphi_{\mathrm{I}}=-\frac{\mathrm{i}gH}{2\omega}\mathrm{e}^{\mathrm{i}k_{0x}(x+B)}\mathrm{e}^{\mathrm{i}k_{0y}y}\frac{\cosh k_0(z+d)}{\cosh k_0 d} \tag{6.13}$$

其中 k_{0x} 和 k_{0y} 分别表示波数 k_0 在 x 和 y 方向的分量，记为

$$k_{0x}=k_0\cos\theta, k_{0y}=k_0\sin\theta \tag{6.14}$$

对当前所讨论的问题而言，开孔沉箱是沿着 y 轴方向周期性排列的，而入射波沿 y 轴方向也是周期性变化的。因此，流域内任意一点 $(x,y+W,z)$ 处的速度势与点 (x,y,z) 处的速度势只差一个相位因子 $\mathrm{e}^{\mathrm{i}k_{0y}W}$，即流域内的空间速度势满足下面的关系式（Linton 等[43]）：

$$\varphi(x,y+lW,z)=\mathrm{e}^{\mathrm{i}lk_{0y}W}\varphi(x,y,z); l=0,\pm1,\pm2,\cdots \tag{6.15}$$

因此，只需要求出 $y\in[0,W]$ 内的速度势，再利用式(6.15)就可以得到整个流域内任意点的速度势。

6.1.2 解析分析

应用分离变量法来得到 $y\in[0,W]$ 内的速度势。

在区域 0，速度势 φ_0 为入射波速度势 φ_{I} 和反射波速度势 φ_{R} 的

叠加：

$$\varphi_0=\varphi_{\mathrm{I}}+\varphi_{\mathrm{R}} \tag{6.16}$$

满足控制方程(6.4)、边界条件(6.5)和(6.6)以及周期性边界条件(6.15)的反射波速度势表达式为

$$\varphi_{\mathrm{R}}(x,y,z)=-\frac{\mathrm{i}gH}{2\omega}\Big[Z_0(z)\sum_{i=-\infty}^{+\infty}R_{0i}\mathrm{e}^{\beta_{0i}(x+B)}E_i(y)+\sum_{m=1}^{\infty}Z_m(z)\sum_{i=-\infty}^{+\infty}R_{mi}\mathrm{e}^{\beta_{mi}(x+B)}E_i(y)\Big] \tag{6.17}$$

其中 $Z_m(z)(m=0,1,2,\cdots)$是沿水深方向的特征函数：

$$Z_m(z)=\begin{cases}\cosh k_0(z+d)/\cosh k_0 d; & m=0\\ \cos k_m(z+d)/\cos k_m d; & m\neq 0\end{cases} \tag{6.18}$$

$E_i(y)(i=0,\pm1,\pm2,\cdots)$是 y 方向的特征函数：

$$E_i(y)=\mathrm{e}^{\mathrm{i}\left(k_{0y}+\frac{2i\pi}{W}\right)y};i=0,\pm1,\pm2,\cdots \tag{6.19}$$

在式(6.17)中，$R_{mi}(m=0,1,2,\cdots;\ i=0,\pm1,\pm2,\cdots)$是未知的特征展开系数，波数 $k_m(m=0,1,2,\cdots)$为正实数，满足色散方程：

$$\omega^2=gk_0\tanh k_0 d=-gk_m\tan k_m d;m=1,2,\cdots \tag{6.20}$$

特征值 $\beta_{mi}(m=0,1,2,\cdots;\ i=0,\pm1,\pm2,\cdots)$的表达式如下：

$$\beta_{0i}=\begin{cases}\sqrt{\nu_i}; & \nu_i\geqslant 0\\ -\mathrm{i}\sqrt{-\nu_i}; & \nu_i<0\end{cases},\nu_i=\left(k_{0y}+\frac{2i\pi}{W}\right)^2-k_0^2;\quad i=0,\pm1,\pm2,\cdots \tag{6.21}$$

$$\beta_{mi}=\sqrt{\left(k_{0y}+\frac{2i\pi}{W}\right)^2+k_m^2};m=1,2,\cdots,i=0,\pm1,\pm2,\cdots \tag{6.22}$$

式(6.17)中等号右边第 2 项表示一系列的非传播模态，随离开沉箱距离的增加(沿 x 轴负方向)呈指数衰减。但右边第 1 项包含两

种不同的模态：当 $\nu_i \geqslant 0$ 时，相应的模态为非传播模态，与第 2 项类似；当 $\nu_i < 0$ 时，相应的模态为传播模态，也就是结构物的反射波。此外，反射波的模态数可能不止一个，这与第 4 章所讨论的正向波情况是不同的，从式(6.21)可以看出，反射波的数目与沉箱长度 W，入射波波数 k_0 以及波浪入射角度 θ 有关。

在区域 1，满足控制方程(6.4)和边界条件(6.5)和(6.7)～(6.9)的速度势可以写为

$$\varphi_1(x,y,z) = -\frac{\mathrm{i}gH}{2\omega}\sum_{n=0}^{\infty}Y_n(z)\sum_{j=0}^{\infty}A_{nj}\ \frac{\cosh \alpha_{nj}x}{\cosh \alpha_{nj}B}C_j(y) \tag{6.23}$$

其中 $Y_n(z)(n=0,1,2,\cdots)$ 是沿水深方向的特征函数：

$$Y_n(z) = \begin{cases}\cosh \lambda_0(z+s)/\cosh \lambda_0 s; & n=0\\ \cos \lambda_n(z+s)/\cos \lambda_n s; & n\neq 0\end{cases} \tag{6.24}$$

$C_j(y)(j=0,1,2,\cdots)$ 是 y 方向的特征函数：

$$C_j(y) = \begin{cases}\dfrac{\cos \mu_0 y}{\sqrt{2}}; & j=0\\ \cos \mu_j y; & j=1,2,\cdots\end{cases},\mu_j = \frac{j\pi}{W} \tag{6.25}$$

在式(6.23)中，$A_{nj}(n=0,1,2,\cdots;j=0,1,2,\cdots)$ 是未知的特征展开系数，波数 $\lambda_n(n=0,1,2,\cdots)$ 为正实数，满足色散方程：

$$\omega^2 = g\lambda_0\tanh \lambda_0 b = -g\lambda_n\tan \lambda_n b;n=1,2,\cdots \tag{6.26}$$

特征值 $\alpha_{nj}(n=0,1,2,\cdots;j=0,1,2,\cdots)$ 的表达式为

$$\alpha_{nj} = \begin{cases}\sqrt{\mu_j^2-\lambda_0^2}; & n=0,j=0,1,2,\cdots\\ \sqrt{\mu_j^2+\lambda_n^2}; & n=1,2,\cdots,j=0,1,2,\cdots\end{cases} \tag{6.27}$$

从式(6.23)、(6.27)可以看出，当 $\lambda_0 > \mu_1 = \pi/W$ 时，开孔沉箱消浪室内的波浪传播模态数目会超过一个。此外，当 $\lambda_0 = \mu_j = j\pi/W(j=1,$

2,…）时，消浪室内不存在传播模态，相应的波浪模态只是沿 y 方向振荡。

未知的特征展开系数 R_{mi} 和 A_{nj} 均为复数，需要通过匹配开孔沉箱前墙处（$x=-B$）的边界条件(6.10)～(6.12)来得到。

将 φ_0 和 φ_1 的表达式代入方程(6.10)、(6.11)，可得

$$\mathrm{i}k_{0x}E_0(y)Z_0(z)+\sum_{m=0}^{\infty}Z_m(z)\sum_{i=-\infty}^{+\infty}R_{mi}\beta_{mi}E_i(y)=$$

$$\begin{cases}\sum_{n=0}^{\infty}Y_n(z)\sum_{j=0}^{\infty}A_{nj}\alpha_{nj}\tanh(-\alpha_{nj}B)C_j(y); & -b<z<0\\ 0; & -d<z<-b\end{cases} \tag{6.28}$$

将方程(6.28)两边都乘上特征函数系 $Z_m(z)$ 和 $E_i^*(y)$（* 号表示复共轭），然后分别沿水深方向和 y 轴方向从 $-d\sim0$ 和 $0\sim W$ 进行积分，并在积分运算中使用特征函数系 $Z_m(z)$ 和 $E_i(y)$ 的正交关系 $\int_{-d}^{0}Z_m(z)Z_n(z)\mathrm{d}z=0(m\neq n)$ 和 $\int_0^W E_i(y)E_j^*(y)\mathrm{d}y=0(i\neq j)$，最后将速度势的展开项 m 和 n 截断到 M、j 截断到 N、i 截断到 $\pm N$，便可以得到一个线性方程组：

$$\{e\}_{(M+1)(2N+1)}+\{R'\}_{(M+1)(2N+1)}=[B]_{(M+1)(2N+1)\times(M+1)(N+1)}\{A'\}_{(M+1)(N+1)} \tag{6.29}$$

其中

$\{R'\}=(R'_0\ \cdots\ R'_m\ \cdots\ R'_M)^{\mathrm{T}}, R'_m=(r_{-N}^m\ \cdots\ r_i^m\ \cdots\ r_N^m), r_i^m=R_{mi}$；

$m=0,1,\cdots,M, i=-N,\cdots,0,\cdots,N$

$\{A'\}=(A'_0\ \cdots\ A'_n\ \cdots\ A'_M)^{\mathrm{T}}, A'_n=(a_0^n\ \cdots\ a_j^n\ \cdots\ a_N^n), a_j^n=A_{nj}$；

$n=0,1,\cdots,M, j=0,1,\cdots,N$

$$\{e\}=(e_0\ \cdots\ e_m\ \cdots\ e_M)^{\mathrm{T}},e_m=(e_{-N}^m\ \cdots\ e_i^m\ \cdots\ e_N^m)$$

$$e_i^m=\begin{cases}0; & m\neq 0\ \text{或}\ i\neq 0\\ \dfrac{\mathrm{i}k_{0x}}{\beta_{00}}; & m=0,i=0\end{cases}$$

$$m=0,1,\cdots,M,i=-N,\cdots,0,\cdots,N$$

$$[B]=\begin{pmatrix}B_{00} & \cdots & B_{0n} & \cdots & B_{0M}\\ \vdots & & \vdots & & \vdots\\ B_{m0} & \cdots & B_{mn} & \cdots & B_{mM}\\ \vdots & & \vdots & & \vdots\\ B_{M0} & \cdots & B_{Mn} & \cdots & B_{MM}\end{pmatrix},B_{mn}=\begin{pmatrix}b_{-N0}^{mn} & \cdots & b_{-Nj}^{mn} & \cdots & b_{-NN}^{mn}\\ \vdots & & \vdots & & \vdots\\ b_{i0}^{mn} & \cdots & b_{ij}^{mn} & \cdots & b_{iN}^{mn}\\ \vdots & & \vdots & & \vdots\\ b_{N0}^{mn} & \cdots & b_{Nj}^{mn} & \cdots & b_{NN}^{mn}\end{pmatrix},$$

$$b_{ij}^{mn}=\frac{\alpha_{nj}\tanh(-\alpha_{nj}B)\int_{-b}^{0}Z_m(z)Y_n(z)\mathrm{d}z\int_0^W E_i^*(y)C_j(y)\mathrm{d}y}{W\beta_{mi}\int_{-d}^{0}Z_m^2(z)\mathrm{d}z};$$

$$m=0,1,\cdots,M,n=0,1,\cdots,M,i=-N,\cdots,0,\cdots,N,j=0,1,\cdots,N$$

以上表达式中的$(\ )^{\mathrm{T}}$表示转置矩阵。

将 φ_0 和 φ_1 的表达式代入方程(6.12),可得

$$\mathrm{i}k_0G[E_0(y)Z_0(z)+\sum_{m=0}^{\infty}Z_m(z)\sum_{i=-\infty}^{+\infty}R_{mi}E_i(y)]=$$

$$\sum_{n=0}^{\infty}Y_n(z)\sum_{j=0}^{\infty}A_{nj}[\mathrm{i}k_0G+\alpha_{nj}\tanh(-\alpha_{nj}B)]C_j(y)\qquad(6.30)$$

将方程(6.30)两边都乘上特征函数系 $Y_n(z)$ 和 $C_j(y)$,然后分别沿水深方向和 y 轴方向从 $-b\sim 0$ 和 $0\sim W$ 进行积分,并在积分运算中使用特征函数系 $Y_n(z)$ 和 $C_j(y)$ 的正交关系 $\int_{-b}^{0}Y_m(z)Y_n(z)\mathrm{d}z=0(m\neq n)$ 和 $\int_0^W C_i(y)C_j(y)\mathrm{d}y=0(i\neq j)$,最后将速度势的展开项

m 和 n 截断到 M、j 截断到 N、i 截断到 $\pm N$，便可以得到另外一个线性方程组：

$$\{f\}_{(M+1)(N+1)}+[D]_{(M+1)(N+1)\times(M+1)(2N+1)}\{R'\}_{(M+1)(2N+1)}=\{A'\}_{(M+1)(N+1)} \tag{6.31}$$

其中

$$\{f\}=(f_0 \quad \cdots \quad f_n \quad \cdots \quad f_M)^{\mathrm{T}},f_n=(f_0^n \quad \cdots \quad f_j^n \quad \cdots \quad f_N^n),$$

$$f_j^n=\frac{\mathrm{i}k_0G\int_{-b}^{0}Z_0(z)Y_n(z)\mathrm{d}z\int_0^W E_0(y)C_j(y)\mathrm{d}y}{\frac{W}{2}[\mathrm{i}k_0G+\alpha_{nj}\tanh(-\alpha_{nj}B)]\int_{-b}^{0}Y_n^2(z)\mathrm{d}z};$$

$$n=0,1,\cdots,M,j=0,1,\cdots,N$$

$$[D]=\begin{pmatrix} D_{00} & \cdots & D_{0m} & \cdots & D_{0M} \\ \vdots & & \vdots & & \vdots \\ D_{n0} & \cdots & D_{nm} & \cdots & D_{nM} \\ \vdots & & \vdots & & \vdots \\ D_{M0} & \cdots & D_{Mm} & \cdots & D_{MM} \end{pmatrix},D_{nm}=\begin{pmatrix} d_{0(-N)}^{nm} & \cdots & d_{0i}^{nm} & \cdots & d_{0N}^{nm} \\ \vdots & & \vdots & & \vdots \\ d_{j(-N)}^{nm} & \cdots & d_{ji}^{nm} & \cdots & d_{jN}^{nm} \\ \vdots & & \vdots & & \vdots \\ d_{N(-N)}^{nm} & \cdots & d_{Ni}^{nm} & \cdots & d_{NN}^{nm} \end{pmatrix},$$

$$d_{ji}^{nm}=\frac{\mathrm{i}k_0G\int_{-b}^{0}Z_m(z)Y_n(z)\mathrm{d}z\int_0^W E_i(y)C_j(y)\mathrm{d}y}{\frac{W}{2}[\mathrm{i}k_0G+\alpha_{nj}\tanh(-\alpha_{nj}B)]\int_{-b}^{0}Y_n^2(z)\mathrm{d}z};$$

$$m=0,1,\cdots,M,n=0,1,\cdots,M,i=-N,\cdots,0,\cdots,N,j=0,1,\cdots,N$$

通过求解线性方程组(6.29)、(6.31)可以得到特征展开系数 R_{mi} 和 A_{nj}，便可以计算出各区域内的速度势。

6.1.3 反射系数和波浪力计算

在上一节中已经提到，当波浪斜向入射时，反射波可能包括沿不同方向传播的多个模态，则整个反射波的波能流为所有反射波的波能流之和：

$$\mathrm{F_R} = \frac{1}{8}\rho g H^2 C_g \sum_{j=1}^{J} |R_{0i(j)}|^2 |\cos\theta_{0i(j)}| \tag{6.32}$$

式中：J 为反射波(传播模态)的总数目，下标 $0i(j)$ 表示每个反射波和式(6.17)中所定义波浪模态的对应关系，$R_{0i(j)}$ 和 $\theta_{0i(j)}$ 分别表示相应反射波的波幅和传播方向，ρ 为流体密度，C_g 为波浪传播的群速度，对于所有反射波都是相同的，则反射系数 K_R 可以定义为[44]

$$K_R = \sqrt{\frac{\sum_{j=1}^{J} |R_{0i(j)}|^2 |\cos\theta_{0i(j)}|}{|\cos\theta|}} \tag{6.33}$$

流域内任意点的波面可通过下面的式子计算：

$$\eta(x,y) = \frac{\mathrm{i}\omega}{g}\varphi(x,y,0) \tag{6.34}$$

流域内任意点的动水压力可利用线性伯努利方程来计算：

$$p(x,y,z) = \mathrm{i}\omega\rho\varphi(x,y,z) \tag{6.35}$$

沿开孔沉箱表面对动水压力进行积分，可以计算出开孔沉箱上的总水平波浪力。定义 x 和 y 方向无因次总水平波浪力的正方向分别与图 6.1 中 x 轴和 y 轴的正方向一致，这里考虑作用于单个开孔沉箱上的总水平波浪力幅值。

x 方向无因次总水平波浪力 F_x 由 3 部分组成：

$$F_x = F_{x1} - F_{x2} + F_{x3} \tag{6.36}$$

式中：F_{x1} 表示前墙迎浪面($x=-B$，包括开孔和不开孔部分)所受波浪力，F_{x2} 表示前墙背浪面所受波浪力，F_{x3} 为作用于消浪室后实体墙($x=0$)的波浪力，各部分表达式如下：

$$F_{x1} = \frac{\rho g H}{2}\int_{-d}^{0}\mathrm{d}z\int_{0}^{W}\left[Z_0(z)E_0(y) + \sum_{m=0}^{M}Z_m(z)\sum_{i=-N}^{N}R_{mi}E_i(y)\right]\mathrm{d}y$$

$$F_{x2}=\frac{\rho gH}{2}\int_{-b}^{0}\mathrm{d}z\int_{0}^{W}\sum_{n=0}^{M}Y_n(z)\sum_{j=0}^{N}A_{nj}C_j(y)\mathrm{d}y$$

$$F_{x3}=\frac{\rho gH}{2}\int_{-b}^{0}\mathrm{d}z\int_{0}^{W}\sum_{n=0}^{M}Y_n(z)\sum_{j=0}^{N}\frac{A_{nj}C_j(y)}{\cosh\alpha_{nj}B}\mathrm{d}y$$

y 方向无因次总水平波浪力 F_y 由 2 部分组成：

$$F_y=F_{y1}-F_{y2} \tag{6.37}$$

式中：F_{y1} 表示作用于开孔沉箱横隔板迎浪面($y=W$)的波浪力，F_{y2} 表示作用于开孔沉箱横隔板背浪面($y=0$)的波浪力，各部分表达式如下：

$$F_{y1}=\frac{\rho gH}{2}\int_{-b}^{0}\mathrm{d}z\int_{-B}^{0}\sum_{n=0}^{M}Y_n(z)\sum_{j=0}^{N}\frac{A_{nj}C_j(W)\cosh\alpha_{nj}x}{\cosh\alpha_{nj}B}\mathrm{d}x$$

$$F_{y2}=\frac{\rho gH}{2}\int_{-b}^{0}\mathrm{d}z\int_{-B}^{0}\sum_{n=0}^{M}Y_n(z)\sum_{j=0}^{N}\frac{A_{nj}C_j(0)\cosh\alpha_{nj}x}{\cosh\alpha_{nj}B}\mathrm{d}x$$

在以上总波浪力各组成部分的表达式中：

$$\int_{0}^{W}E_i(y)\mathrm{d}y=\begin{cases}\dfrac{\mathrm{e}^{\mathrm{i}(k_{0y}W+2i\pi)}-1}{\mathrm{i}(k_{0y}+2i\pi/W)}; & k_{0y}+2i\pi/W\neq 0\\ W; \quad k_{0y}+2i\pi/W=0\end{cases}$$

$$i=0,\pm 1,\pm 2,\cdots,\pm N$$

$$\int_{-d}^{0}Z_m(z)\mathrm{d}z=\begin{cases}\dfrac{\tanh k_0 d}{k_0}; & m=0\\ \dfrac{\tanh k_m d}{k_m}; & m=1,2,\cdots,M\end{cases}$$

$$\int_{-b}^{0}Y_n(z)\mathrm{d}z=\begin{cases}\dfrac{\tanh k_0 b}{k_0}; & n=0\\ \dfrac{\tanh k_n b}{k_n}; & n=1,2,\cdots,M\end{cases}$$

$$\int_{0}^{W}C_j(y)\mathrm{d}y=\begin{cases}W/\sqrt{2}; & j=0\\ 0; \quad j=1,2,\cdots,N\end{cases}$$

$$C_j(0)=\begin{cases}1/\sqrt{2}; & j=0\\ 0; & j=1,2,\cdots,N\end{cases}$$

$$C_j(W)=\begin{cases}1/\sqrt{2}; & j=0\\ \cos(j\pi); & j=1,2,\cdots,N\end{cases}$$

$$\int_{-B}^{0}\cosh\alpha_{nj}x\,\mathrm{d}x=\begin{cases}\sinh\alpha_{nj}B/\alpha_{nj}; & \alpha_{nj}\neq 0\\ B; & \alpha_{nj}=0\end{cases}$$

定义 x 和 y 方向无因次总水平波浪力的形式如下：

$$C_{Fx}=\frac{|F_x|}{\rho gHdW},C_{Fy}=\frac{|F_y|}{\rho gHdW} \tag{6.38}$$

6.2　数学模型的验证

根据上面的理论结果，编制了 Fortran 程序来计算结构物的反射系数和总水平波浪力。本节将通过与已有理论结果的对比和分析，来检验本章所建立数学模型和相应计算程序的正确性。

在理论解的求解中，首先要确定合理的速度势展开项数 M 和 N，以便得到收敛的数值结果。取不同的 M 和 N 对反射系数进行计算，计算条件为：沉箱前墙开孔深度 $b/d=0.5$，沉箱长度 $W/d=1$，消浪室宽度 $B/d=0.5$，波浪入射角度 $\theta=\pi/6$，孔隙影响系数 $G=1.0\mathrm{e}^{0i}$。表 6.1 给出不同 M、N 和 k_0d 所对应的反射系数计算结果，可以看出，随着 M、N 的增加，计算结果可以很快收敛，当 $2M=N=48$时，计算结果可精确到小数点后 4 位。对于工程问题而言，将 $2M$、N 取为 10 左右完全可以满足精度要求，在本章的计算中，如果没有特别说明，均取 $2M=N=12$。

表 6.1 不同 M 和 N 的反射系数收敛性检验

Tab. 6.1 The convergent examination on reflection coefficient for different values of M and N

非传播模态	反射系数 K_R					
$2M=N$	$k_0d=0.1$	$k_0d=1.0$	$k_0d=2.0$	$k_0d=3.0$	$k_0d=4.0$	$k_0d=5.0$
0	0.988 6	0.524 7	0.203 6	0.064 6	0.299 7	0.667 4
4	0.988 4	0.472 5	0.125 0	0.109 0	0.121 9	0.464 0
6	0.988 4	0.471 1	0.122 2	0.110 6	0.122 9	0.463 5
12	0.988 4	0.470 8	0.121 5	0.111 1	0.123 1	0.463 1
24	0.988 4	0.470 6	0.121 2	0.111 3	0.123 3	0.463 1
36	0.988 4	0.470 6	0.121 1	0.111 3	0.123 3	0.463 1
48	0.988 4	0.470 5	0.121 1	0.111 3	0.123 3	0.463 1
60	0.988 4	0.470 5	0.121 1	0.111 3	0.123 3	0.463 1

将前墙孔隙影响系数 G 取为 0，结构物变为不开孔的直立堤；将前墙开孔部分的 G 取为 $+\infty$，则结构物变为在上面等间距布置横隔板的台阶式海堤。在这两种情况下，反射系数 K_R 都应该恒等于 1，这被用来检验本章理论计算结果的合理性。图 6.2 给出相应的计算结果，计算条件为：$b/d=0.5$，$W/d=1$，$B/d=0.5$，$\theta=\pi/6$，$G=|G|e^{i\pi/4}$。从图中可以看出，当 $|G|=0$ 时，反射系数等于 1；随着 $|G|$ 的增加，反射系数先减小，达到最小值后又开始增加；当 $|G|$ 趋于无穷大时，反射系数又等于 1。另外，在 4.4.1 节已经提到，当 G 为纯虚数时（辐角 $\gamma=\pi/2$）开孔沉箱反射系数恒等于 1[29]，在本章的程序计算中也可以得到同样的结果。

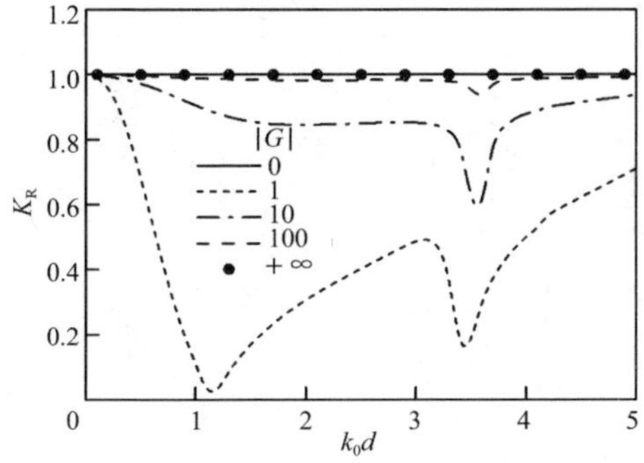

图 6.2 不同|G|时反射系数的计算结果

Fig. 6.2 Calculation results of reflection coefficient for different |G|

Teng 等[44]给出了斜向波与带横隔板全开孔沉箱防波堤($b/d=1$)作用的理论解，这里将本章反射系数和波浪力的计算结果与他们的计算结果进行对比验证。图 6.3 给出相应的比较结果，计算条件为：$b/d=1$，$W/d=1$，$B/d=0.5$，$G=1.0e^{0i}$，$\theta=0$、$\pi/6$、$\pi/3$。图 6.3(a)给出的是两种不同方法反射系数计算结果的比较，可以看出两种方法的计算结果是完全一致的。需要说明的是，当波浪正向入射时($\theta=0$)，图 6.3(a)中的计算结果与 Sahoo 等[20]给出的式(3.5)的计算结果是一致的。此外，当波浪正向入射时，本书反射系数的计算结果与沉箱长度 W 无关，这从物理上来说是合理的。图 6.3(b)、(c)分别给出两种方法 x 方向和 y 方向无因次总水平波浪力计算结果的比较，可以看出两种方法总水平波浪力的计算结果也是完全一致的。在 Teng 等[44]的计算中，是将波浪力除以入射波的波幅 A(而不是波高 H)来无因次化，因此图 6.3(b)、(c)中纵坐标为 2 倍的无因次波浪力值。需要注意的是，当波浪正向入射时，作用于开孔沉箱横隔板迎浪面和背浪面上的波浪力是相等的,此时 y 方向无因次总水平波浪力恒等于 0,这在图 6.3(c)中并未绘出。

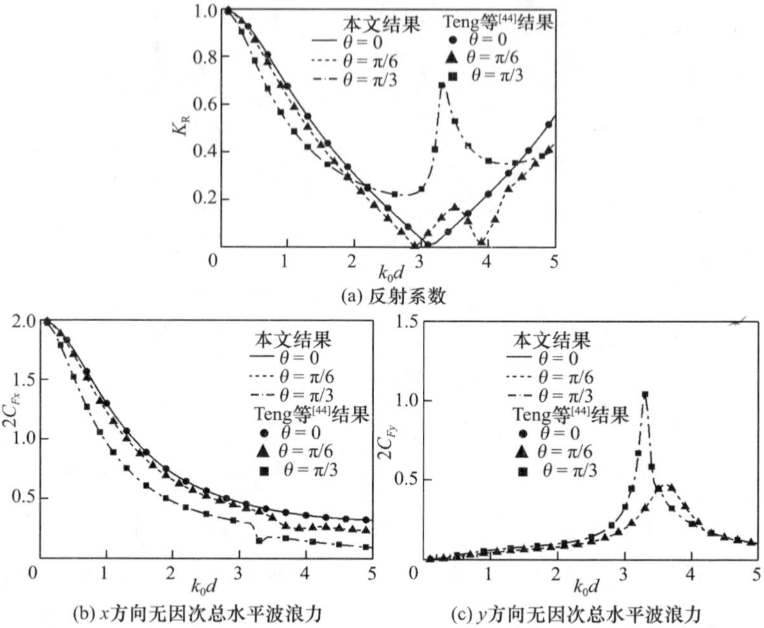

图 6.3　本书理论与 Teng 等[44]的比较

Fig. 6.3　Comparison between present theory and Teng, *et al*.[44]

Li 等[15]给出了斜向波与不带横隔板开孔墙式防波堤($W\to+\infty$)作用的理论解,这里将本章反射系数的计算结果与他们的计算结果进行对比验证。图 6.4 中给出相应的比较结果,计算条件为:$b/d=0.5$,$B/d=0.5$,$\theta=\pi/6$,$W/d=1$、4、32、$+\infty$,$G=1.0e^{0i}$、$1.0e^{i\pi/4}$。图中 $W/d=+\infty$代表不带横隔板的局部开孔墙式防波堤,此时的反射系数利用 Li 等[15]的理论解计算程序得到。此外,对 $W/d=32$ 的特例,为得到收敛的计算结果,在计算中取 $M=20$、$N=50$。从图 6.4 可以看出,随着沉箱长度 W/d 的增加,本书数学模型的反射系数计算结果趋近于 Li 等[15]无横隔板的计算结果，这证明了本书理论的正确性。利用图 6.4，还可以分析横隔板的存在对开孔墙式防波堤反射系数的影响。可以看出，在低频区横隔板的存在有助于减小反射系数，横隔板的存在还会导致反射系数曲线在某些频率处发生突变，且突变的幅值随沉箱长度 W/d 的增加而减小。Teng 等[44]的研究表明，对斜向波作用下带横隔板全开孔沉箱防波堤而言，反射系数曲线发生突变的位置靠近 $k_0 d=\lambda_0 d=j\pi d/W$ $(j=1,2,\cdots)$，即 $\alpha_{0j}=0$。此时，开孔沉箱内不存在传播模态，相应的波浪模态只是沿 y 方向振荡。对图 6.4 的分析表明，这一规律同样适用于当前带横隔板的局部开孔沉箱防波堤，但对于局部开孔沉箱而言，结构物前的波数 k_0 要小于开孔沉箱内的波数 λ_0，因此当 $\alpha_{0j}=0$ 时 $k_0 d<\lambda_0 d=j\pi d/W$ $(j=1,2,\cdots)$，这就使局部开孔沉箱反射系数发生突变的位置比相应的全开孔沉箱更靠近低频区。

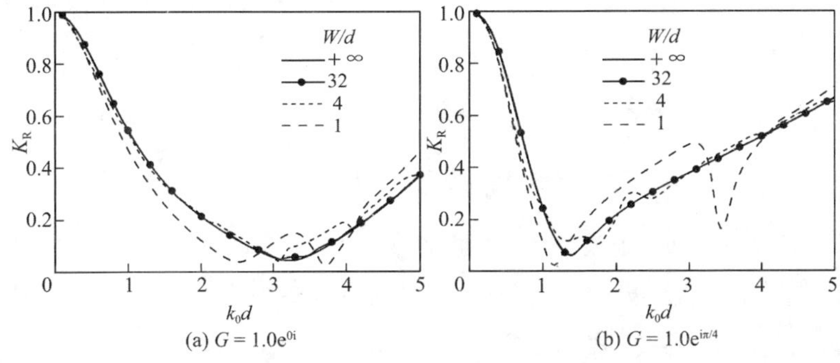

图 6.4　本书理论与 Li 等[15]的比较

Fig. 6.4　Comparison between present theory and Li, *et al*.[15]

以上这些验证和分析表明，本章所建立的斜向波与带横隔板局部开孔沉箱防波堤相互作用的数学模型及相应的计算程序是合理、有效的。这里并没有相应的物理模型试验结果对本章的理论计算结果进行验证，但是针对本章数学模型的两种极限情况——不带横隔板开孔墙式防波堤和带横隔板全开孔沉箱防波堤，刘洪杰[45]已经进行了一系列的物理模型试验对相应的理论计算结果进行验证。因此，有理由相信本章所建立数学模型对实际工程问题同样是有意义的。

6.3 反射系数影响因素的讨论

在 4.4.1 节中已经提到，消浪室相对宽度 B/L 是开孔沉箱防波堤反射系数的最主要影响因素，并对波浪正向入射时 B/L 对开孔沉箱反射系数的影响进行了详细的介绍和讨论。这里首先来分析波浪斜向入射时 B/L 对带横隔板局部开孔沉箱反射系数的影响，图 6.5 给出相应的计算结果。图 6.5(a)的计算条件为：$b/d=0.5$，$W/d=1$，$\theta=\pi/6$，$G=1.0e^{0i}$，$k_0d=1.6$、2.6、3.6、4.6。为了进行比较，将图 6.5(a)中 $k_0d=1.6$ 时本章数学模型所对应 4 种极限情况的计算结果在图 6.5(b)中给出，其中：曲线 1 表示波浪正向入射时的全开孔沉箱（Chwang 等[28]），计算条件为：$\theta=0$，$b/d=1$，$G=1.0e^{0i}$；曲线 2 表示波浪正向入射时的局部开孔沉箱，计算条件为：$\theta=0$，$b/d=0.5$，$G=1.0e^{0i}$；曲线 3 表示波浪斜向入射时不带横隔板的局部开孔沉箱（Li 等[15]），计算条件为：$\theta=\pi/6$，$b/d=0.5$，$G=1.0e^{0i}$，$W/d=+\infty$；曲线 4 表示波浪斜向入射时带横隔板的全开孔沉箱（Teng 等[44]），计算条件为：$\theta=\pi/6$，$b/d=1$，$G=1.0e^{0i}$，$W/d=1$。此外，图 6.5(a)中 $k_0d=1.6$ 的曲线也在图 6.5(b)中给出（曲线 5）。从图 6.5(b)可以看出，当波浪正向入射时（曲线 1 和

2)，反射系数随 B/L 的增加在最小值和 1 之间呈周期性变化，这在 4.4.1 节已经做了详细的介绍。另外，如图 6.5(b)中曲线 3 所示，当波浪斜向入射并且开孔墙式防波堤没有横隔板时，反射系数同样随 B/L 的增加在最小值和 1 之间周期性变化。但是，对于本章所讨论的斜向波与带横隔板局部开孔沉箱作用问题，反射系数随 B/L 的变化规律有很大的不同。如图 6.5(a)所示，当 $k_0d=1.6$、2.6 时，反射系数随 B/L 的增加在最小值和最大值之间周期性变化，这与不带横隔板开孔墙式防波堤是很类似的。但是当 $k_0d=3.6$、4.6 时，反射系数随 B/L 的增加不再呈周期性变化，分析表明，这与开孔沉箱消浪室内波浪传播模态的数目有关。我们知道，当波浪正向入射或斜向入射但是开孔墙式防波堤无横隔板时，消浪室内总是只有一个传播模态。对于本章所研究问题，当 $\lambda_0d<\pi d/W$ 时，消浪室内也只有一个传播模态；但是当 $\lambda_0d>\pi d/W$ 时(对于图 6.5(a)的计算条件，$k_0d>2.89$)，消浪室内波浪传播模态超过一个，此时反射系数不再随 B/L 增加呈周期性变化。进一步观察图 6.5(a)中 $k_0d=1.6$、2.6 所对应的曲线，可以发现，除 $B/L=0$ 外，反射系数的最大值并不能达到 1，同样的现象也可以从图 6.5(b)中的曲线 4 观察到。这显然是由于横隔板影响所致，因为当波浪正向入射或斜向入射但是开孔墙式防波堤无横隔板时，反射系数总能随 B/L 的增加周期性地达到最大值 1。最后，比较图 6.5(b)中的曲线 4、5 可以发现，当沉箱局部开孔后，消浪室内水深变浅，进而波长变短，这就使反射系数达到最小值时所对应的 B/L 比沉箱全开孔时要小。

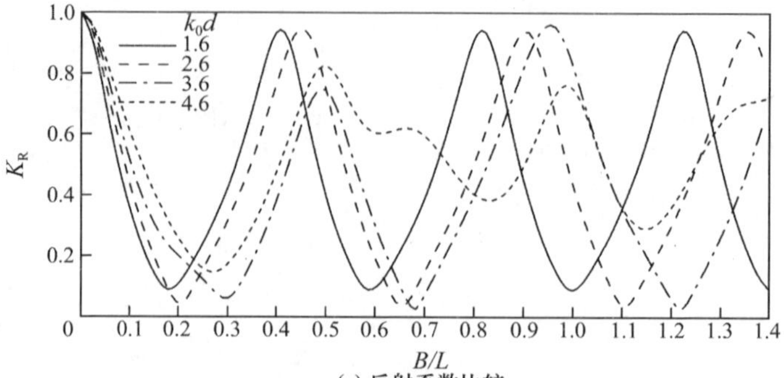

(a) 反射系数比较

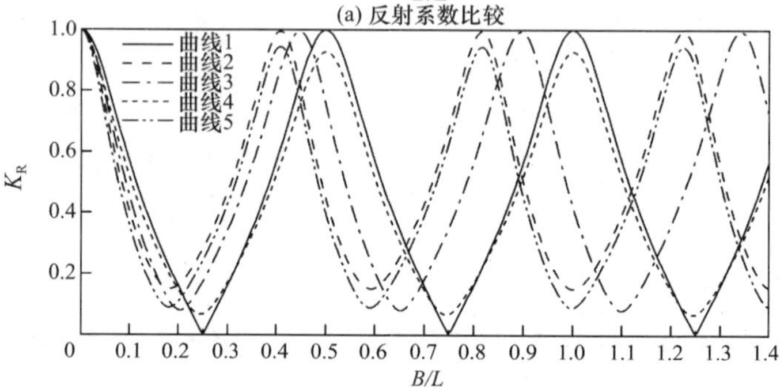

(b) k_0d=1.6时，各条件下反射系数比较

图 6.5　反射系数随 B/L 的变化

Fig. 6.5　Reflection coefficient varies with B/L

开孔沉箱反射系数另一个主要影响因素是前开孔墙的孔隙影响系数 G，G 又与入射波的波数 k_0d 有关。反射系数随 G 和 k_0d 的变化规律在图 6.6 给出，计算条件为：$b/d=0.5$，$W/d=1$，$B/d=0.5$，$\theta=\pi/6$，$G=|G|e^{0i}$、$|G|e^{i\pi/4}$。从图 6.6 可以看出，当 $|G|$ 趋近 0 或 $+\infty$ 时，反射系数都相应地增加，反射系数大概在 $k_0d=3.4$ 处发生突变。要使反射系数达到最小，当 $G=|G|e^{0i}$ 时需取 $|G|=0.6k_0d$ ($k_0d<3$)，当 $G=|G|e^{i\pi/4}$ 时需取 $|G|=0.85k_0d$ ($k_0d<3$)。

对于全开孔沉箱，Teng 等[44]也对图 6.6 中的两个算例进行了讨论，他们在计算中取 $b/d=1$，其他计算条件与图 6.6 一致。Teng 等[44]的计算结果表明，当 $G=|G|e^{0i}$、$|G|e^{i\pi/4}$ 时，分别取 $|G|=0.33k_0d$、$0.5k_0d$ 可使全开孔沉箱的反射系数达到最小。这表明，当沉箱由全开孔变为局部开孔后，要继续保持较低的反射系数，需要增大开孔墙的孔隙影响系数（几何开孔率），这与图 4.14 中波浪正向入射时得到的结论是一致的。

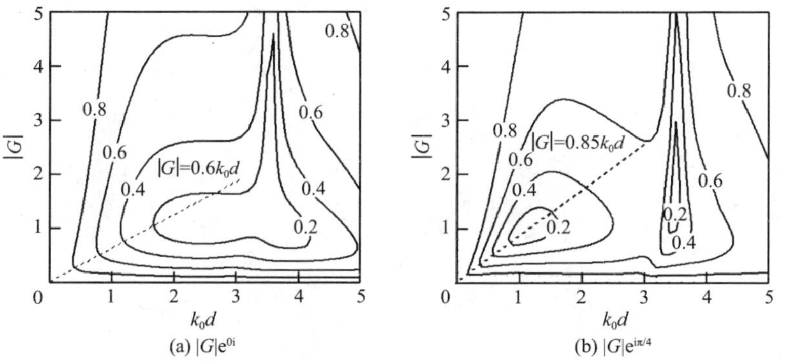

图 6.6 反射系数随 $|G|$ 和 k_0d 变化的等值线分布

Fig. 6.6 Contours distribution of reflection coefficient vary with $|G|$ and k_0d

下面从工程实用角度来讨论孔隙影响系数 G、前墙开孔深度 b/d、波浪入射角度 θ 和沉箱长度 W/d 这几个主要参数对反射系数的影响。图 6.7～6.10 给出相应的计算结果，计算中取 $k_0d=1.3$，图中反射系数 K_R 均表示为消浪室相对宽度 B/L 的函数。考虑到实际工程中 B/L 不可能太大，图 6.7～6.10 中横坐标所表示的 B/L 仅延伸到 0.5。

图 6.7 给出孔隙影响系数 G 对反射系数的影响，计算条件为：

$k_0d=1.3$，$b/d=0.5$，$W/d=1$，$\theta=\pi/6$，$G=|G|e^{i\gamma}$。从图中可以看出，当 $G=1.0e^{0i}$ 时，反射系数大约在 $B/L=0.18$ 处达到最小值。当孔隙影响系数的辐角 γ 增加时，反射系数达到最小值的位置向 B/L 较小处移动；当孔隙影响系数的模 $|G|$ 增加时，反射系数随之增加，不过反射系数达到最小值的位置基本不变。我们知道，孔隙影响系数是由入射波波数和开孔墙的几何开孔率决定的，并不能随意改变。实际工程中，$1<k_0d<2$ 更为常见，而开孔沉箱的几何开孔率一般取 0.2～0.4。在这一常见范围内，第 3 章的分析已经表明：$|G|=0.5\sim2$，辐角 γ 则通常为一小值。通过比较图 6.7 中的 5 条曲线可以发现，要在较宽的 B/L 范围内得到较低的反射系数，取 $1<|G|<2$ 和 $0<\gamma<\pi/12$ 更为合适，这也表明在实际工程中将前墙开孔率取 0.2～0.4 是合理的。

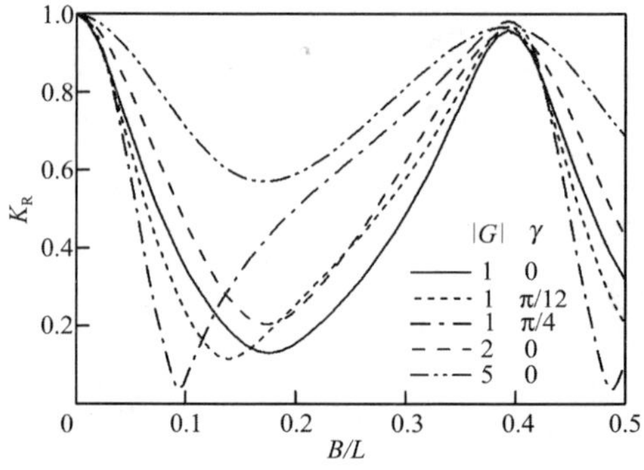

图 6.7　孔隙影响系数 G 对反射系数的影响

Fig. 6.7　Effect of the porous effect coefficient G on the reflection coefficient

图 6.8 给出前墙开孔深度 b/d 对反射系数的影响，计算条件为：$k_0d=1.3$，$W/d=1$，$\theta=\pi/6$，$G=1.0e^{0i}$。从图中可以看出，当 $b/d=1$时，反射系数大约在 $B/L=0.25$ 处达到最小值。当 b/d

减小时，消浪室内波长变短，反射系数最小值的位置向左边移动，与此同时，反射系数的最小值首先减小靠近 0，然后又继续增加。需要注意的是，当 b/d 在 1～0.5 的范围内变化时，开孔沉箱可在 $0.15<B/L<0.3$ 的常用范围内保持较好的消波性能，但是当 b/d 低于 0.5 后，开孔沉箱的反射系数会迅速增加。因此，如果同时考虑开孔沉箱的消波性能和整体稳定性，$b/d=0.5$ 应该是实际工程中的一个合理选择，这也与第 4 章波浪正向入射时所得结论一致。

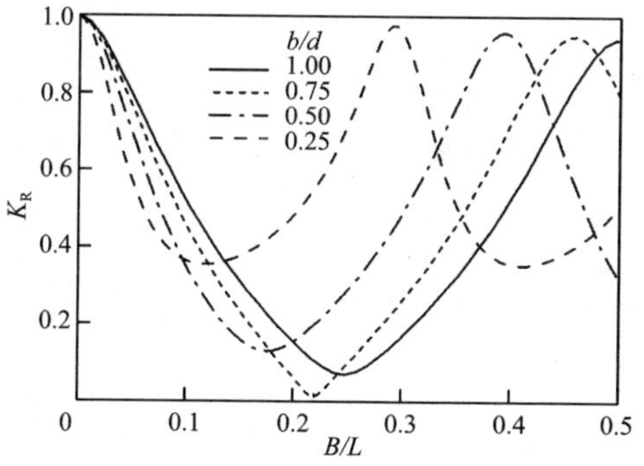

图 6.8　前墙开孔深度 b/d 对反射系数的影响

Fig. 6.8　Effect of the perforated front wall depth b/d on the reflection coefficient

图 6.9 给出波浪入射角度 θ 对反射系数的影响，计算条件为：$k_0d=1.3$，$b/d=0.5$，$W/d=1$，$G=1.0e^{0i}$。从图中可以看出，当波浪正向入射时（$\theta=0$），反射系数大约在 $B/L=0.185$ 处达到最小值。当波浪入射角度 θ 在 $0\sim\pi/4$ 的范围内增加时，反射系数在整个 B/L 范围内减小；但是当 θ 超过 $\pi/4$ 后，反射系数的最小值会再

次增加。因此，在工程建设中，选择一个适度的波浪入射角度($\pi/6<\theta<\pi/4$)对降低开孔墙式防波堤反射系数更为有利。从图6.9还可以看出，当波浪入射角度增加时，反射系数最小值的位置稍微向左边 B/L 较小处移动，这与不带横隔板开孔墙式防波堤是完全不同的。Li 等[15]的研究表明，当波浪入射角度增大时，不带横隔板开孔墙式防波堤反射系数最小值的位置向 B/L 较大处移动，这通过比较图 6.5(b)中的曲线 2、3 也可以看出。

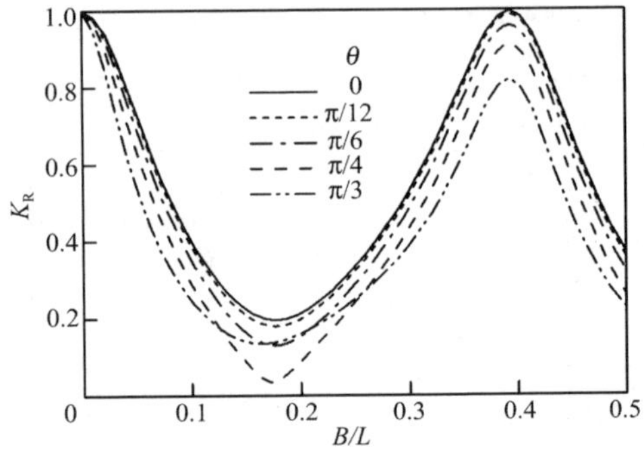

图 6.9　波浪入射角度 θ 对反射系数的影响

Fig. 6.9　Effect of the incident wave angle θ on the reflection coefficient

图 6.10 给出开孔沉箱长度 W/d 对反射系数的影响，计算条件为：$k_0 d=1.3$，$b/d=0.5$，$\theta=\pi/6$，$G=1.0e^{0i}$。从图中可以看出，当开孔沉箱长度 W/d 从 0 增加到无穷大时(不存在横隔板)，整个反射系数曲线向右侧移动，同时反射系数的最小值先增大，达到一个最大值后又开始减小。对工程问题而言，每个沉箱的长度不可能太长，经常是单个沉箱内部又要沿长度方向要被横隔板分为几个舱室；当然，出于稳定性考虑，单个沉箱的长度也不会预制得太小。如果只是考虑工程应用，并不需要过多关注 W/d 对反射系数的影响。

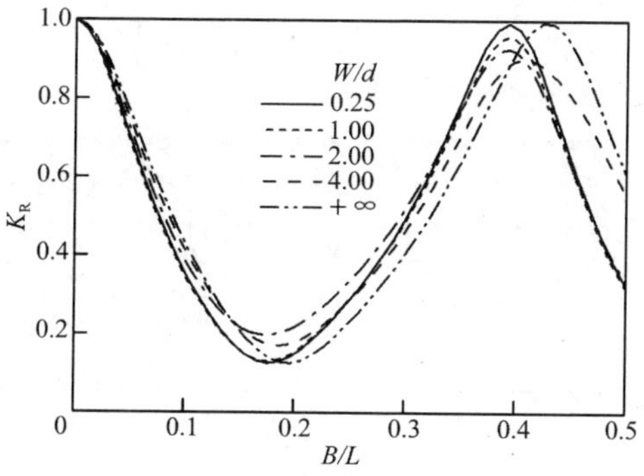

图 6.10　开孔沉箱长度 W/d 对反射系数的影响

Fig. 6.10　Effect of the perforated caisson length W/d on the reflection coefficient

从图 6.7～6.10 还可以看出，当 B/L 为 0.15～0.25 时，局部开孔墙式防波堤可达到更好的消波效果。综合图 6.7～6.10 的分析结果，为了更好地降低反射系数，斜向波作用下带横隔板局部开孔沉箱防波堤几个主要参数的推荐取值范围为：$|G|=1\sim2$，$b/d=0.5$，$\theta=\pi/6\sim\pi/4$，$B/L=0.15\sim0.25$。

最后，为了对带横隔板局部开孔沉箱防波堤的消波性能有更直观的认识，图 6.11 给出两种不同条件下开孔沉箱周围无因次波面 $|2\eta/H|$ 的分布。由前文的理论分析可知，在每个开孔沉箱内、外波浪场所对应的狭长区域内波面分布是相同的，因此在这里只画出其中 4 个沉箱。图 6.11(a)的计算条件为：$k_0d=1.6$，$b/d=0.5$，$B/L=0.2$，$W/L=0.4$，$\theta=\pi/6$，$G=1.0e^{0i}$。此时沉箱前的反射波只有一个，消浪室内部的波浪传播模态也只有一个。图 6.11(b)的计算条件为：$k_0d=4.6$，$b/d=0.5$，$B/L=0.3$，$W/L=0.9$，$\theta=\pi/6$，$G=1.0e^{0i}$。此时沉箱前的反射波和消浪室内部的波浪传播模态均为两个。图 6.11(a)、(b)所对应的反射系数分别为 0.162 和 0.177。从图 6.11 可以看出，两种情况下开孔沉箱都可以很好地吸收入射波，沉箱前无因次波面 $|2\eta/H|$ 的最大值都控制在 1.2 左

右，另外，由于图 6.11(b)中存在两个反射波，其沉箱前的波面等值线分布比图 6.11(a)要复杂一些。

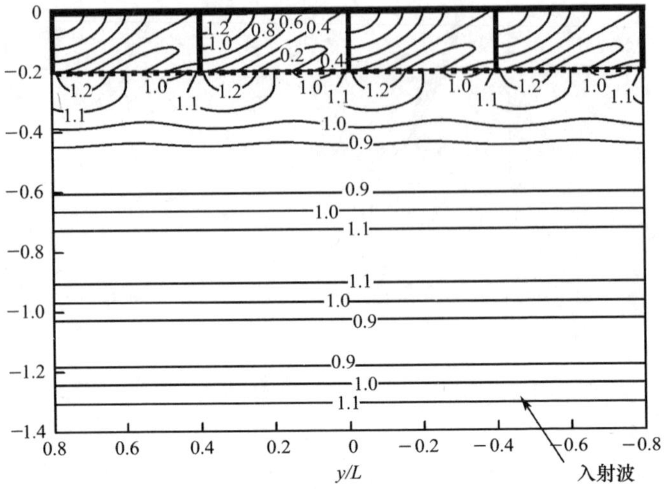

(a) $K_R = 0.162$

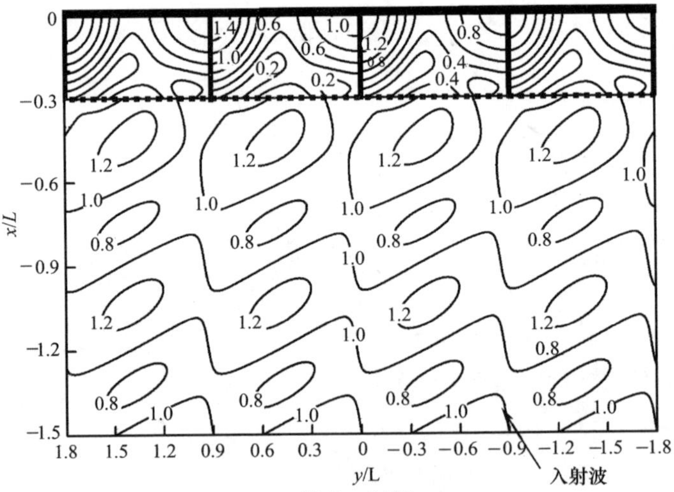

(b) $K_R = 0.177$

图 6.11 无因次波面幅值 $|2\eta/H|$ 的等值线分布

Fig. 6.11 Contours distribution of the dimensionless wave elevation amplitude $|2\eta/H|$

6.4 波浪力影响因素的讨论

本节利用理论解的计算结果来分析消浪室相对宽度 B/L、前墙开孔深度 b/d、波浪入射角度 θ、前墙孔隙影响系数 G 和沉箱长度 $k_{0y}W$ 这几个主要参数对开孔沉箱水平波浪力的影响。

图 6.12 给出消浪室相对宽度 B/L 对水平波浪力的影响，计算条件与图 6.5(a)完全一致，即：$b/d=0.5$，$W/d=1$，$\theta=\pi/6$，$G=1.0e^{0i}$，$k_0d=1.6$、2.6、3.6、4.6。图 6.12(a)给出作用于开孔沉箱前墙上的无因次总水平波浪力 C_{Fxf}（$C_{Fxf}=|F_{x1}-F_{x2}|/\rho gHdW$）随$B/L$的变化。通过比较图 6.12(a)和图 6.5(a)可以发现，随着 B/L 的增加，前墙上的总水平波浪力和反射系数的变化规律正好是相反的：当反射系数达到最大值时，前墙上的总水平波浪力最小；而当反射系数达到最小值时，前墙上的总水平波浪力最大。Yip 等[29]在研究正向波与开孔墙式防波堤相互作用时，已经对这一现象进行了解释，原因如下：当反射系数最小时，前开孔墙迎浪面和背浪面的波面高差最大；当反射系数最大时，前开孔墙迎浪面和背浪面的波面高差最小，尤其是，当反射系数等于 1 时，开孔墙内、外两侧的波面是连续的。从图 6.12(a)还可以看出，随着 B/L 的增加，当 $k_0d=1.6$、2.6 时 C_{Fxf} 呈周期性变化，但是当 $k_0d=3.6$、4.6 时 C_{Fxf} 的变化并不是完全周期性的，具体原因在图 6.5(a)中已做了说明，这里不再赘述。图 6.12(b)给出作用于消浪室后实体墙上的无因次水平波浪力 C_{Fxb}（$C_{Fxb}=|F_{x3}|/\rho gHdW$）随 B/L 的变化。可以看出，随 B/L 的增加 C_{Fxb} 的变化规律与反射系数一致，与 C_{Fxf} 相反。图6.12(c)给出消浪室相对宽度 B/L 对 x 方向无因次

总水平波浪力 C_{Fx} 的影响，C_{Fx} 是 C_{Fxf} 和 C_{Fxb} 叠加的结果(包含相位关系)，因此随着 B/L 的增加，C_{Fx} 同样表现出一定的周期振荡性，但其达到最值的位置有所改变。在实际工程中，B/L 不可能太大，如图 6.12(c)所示，当 $B/L<0.4$ 时，x 方向无因次总水平波浪力 C_{Fx} 随消浪室相对宽度 B/L 的增加而减小。图 6.12(d)给出消浪室相对宽度 B/L 对 y 方向无因次总水平波浪力 C_{Fy} 的影响。从图中可以看出，当 $B/L=0$ 时 y 方向无因次总水平波浪力等于 0，这是显而易见的，随着 B/L 的增加，C_{Fy} 同样是振荡变化的。值得注意的是，随着波数 k_0d 的增加 C_{Fy} 先增加、后减小，即在某一波数时达到最大值，这会在后面的讨论中进一步说明。

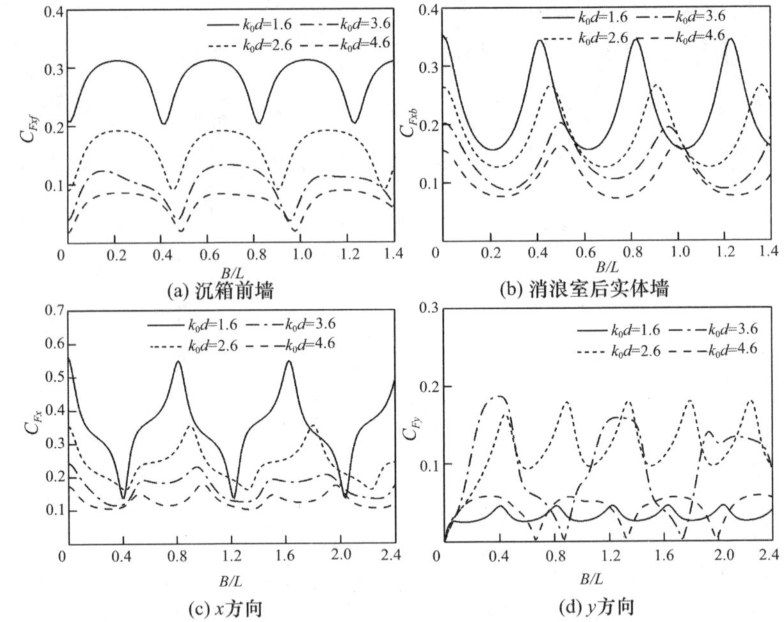

(a) 沉箱前墙　(b) 消浪室后实体墙　(c) x方向　(d) y方向

图 6.12　无因次总水平波浪力随 B/L 的变化

Fig. 6.12　Dimensionless total horizontal wave forces vary with B/L

图 6.13 给出前墙开孔深度 b/d 对总水平波浪力的影响，计算条件为：$B/d=0.5$，$W/d=1$，$\theta=\pi/6$，$G=1.0e^{0i}$，$k_0d=1.6$、2.6、3.6、4.6，图中横坐标代表前墙开孔深度 b/d，纵坐标代表无因次总水平波浪力。从图 6.13(a)可以看出，当 $b/d=0$ 时，开孔沉箱变为实体结构，此时 x 方向无因次总水平波浪力 C_{Fx} 达到最大值，随着 b/d 的增加，C_{Fx} 迅速减小，达到某一最小值后又略有增加，这表明开孔沉箱 x 方向无因次总水平波浪力的减小主要集中于结构物上半部分波浪影响范围以内。从图 6.13(b)可以看出，当 $b/d=0$ 时，y 方向无因次总水平波浪力 $C_{Fy}=0$，当 b/d 增加时，C_{Fy} 随之增加。比较图6.13(a)、(b)可以发现，随着 b/d 的增加，C_{Fx} 和 C_{Fy} 的变化规律正好是相反的。

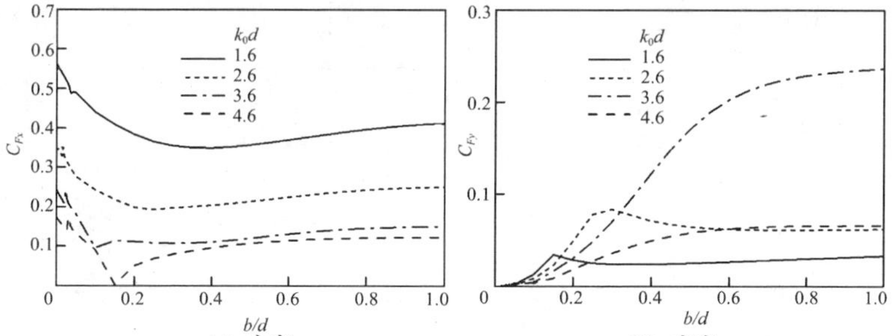

(a) x方向　　(b) y方向

图 6.13　前墙开孔深度 b/d 对无因次总水平波浪力的影响

Fig. 6.13　Effects of the perforated front wall depth b/d on the dimensionless total horizontal wave forces

图 6.14 给出波浪入射角度 θ 对总水平波浪力的影响，计算条件为：$b/d=0.5$，$B/d=0.5$，$W/d=1$，$G=1.0e^{0i}$，图中横坐标代表入射波波数 k_0d，纵坐标代表无因次总水平波浪力。从图6.14(a)可以看出，x 方向无因次总水平波浪力 C_{Fx} 随着波数 k_0d 的增加而

减小，随着波浪入射角度 θ 的增加而减小，并且 C_{Fx} 曲线会随着 θ 的增加在某些波数处发生突变。从图 6.14(b)可以看出，y 方向无因次总水平波浪力 C_{Fy} 随着波数 k_0d 的增加先增大，达到峰值后再减小，C_{Fy} 的峰值随着波浪入射角度 θ 的增加而增大，C_{Fy} 达到峰值的位置随着 θ 的增加向低频区移动。实际上，当 C_{Fx} 曲线发生突变、C_{Fy} 达到峰值以及前文所述反射系数 K_R 曲线发生突变时，它们所对应的波数是基本一致的，此时 $\alpha_{0j}=0$，开孔沉箱内不存在传播模态，相应的波浪模态只是沿 y 方向振荡。从图 6.14 中还可以观察到，当波浪入射角度较大时，y 方向无因次总水平波浪力 C_{Fy} 峰值的量级是比较大的，甚至要超过相应的 x 方向无因次总水平波浪力 C_{Fx}，其对应的波数为 3～3.6，这在实际工程中是很有可能遇到的，此时在设计中应特别关注开孔沉箱横隔板的强度问题。

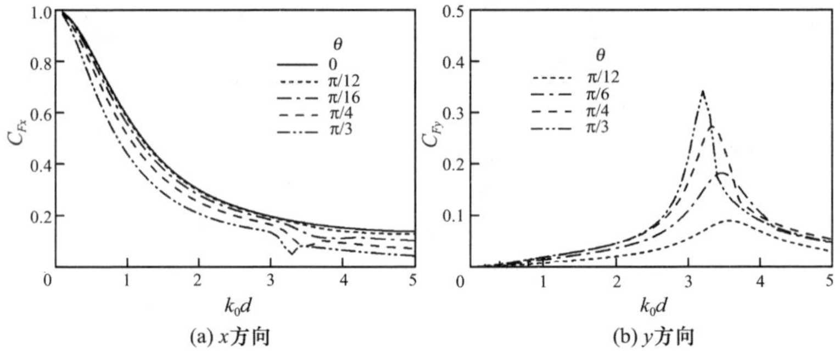

图 6.14　波浪入射角度 θ 对无因次总水平波浪力的影响

Fig. 6.14　Effects of the incident wave angle θ on the dimensionless total horizontal wave forces

图 6.15 给出孔隙影响系数的模 $|G|$ 对总水平波浪力的影响，计算条件为：$b/d=0.5$，$B/d=0.5$，$W/d=1$，$\theta=\pi/6$，$G=|G|e^{0i}$。从图 6.15(a)可以看出，x 方向无因次总水平波浪力 C_{Fx} 随着 $|G|$ 的

增加而减小，但是当$|G|$增大到一定程度后 C_{Fx} 又略有增加，并且随着$|G|$的增加 C_{Fx} 曲线同样会发生突变。从图 6.15(b)可以看出，y 方向无因次总水平波浪力 C_{Fy} 的峰值随着$|G|$的增加而增大，C_{Fy} 达到峰值的位置随$|G|$的增加向高频区移动，这与图 6.14(b)中波浪入射角度 θ 对 C_{Fy} 峰值位置的影响正好相反。此外，随着$|G|$的增加，C_{Fy} 的峰值会显著增加，并且在$|G|$较大时($|G|\geqslant 2$)要超过相应的 C_{Fx}。在第 3 章中已经说明，$|G|=2$ 时开孔墙的几何开孔率大概在 0.4 左右，这样的开孔率在实际工程中是会经常遇到的，此时在设计中同样要注意横隔板的强度问题。

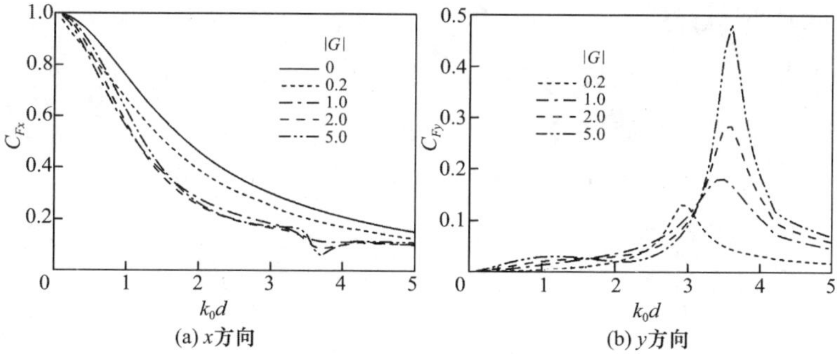

图 6.15 孔隙影响系数的模$|G|$对无因次总水平波浪力的影响

Fig. 6.15 Effects of porous effect coefficient modulus $|G|$ on the dimensionless total horizontal wave forces

图 6.16 给出开孔沉箱长度 $k_{0y}W$ 对总水平波浪力的影响，计算条件为：$b/d=0.5$，$B/d=0.5$，$\theta=\pi/6$，$G=1.0e^{0i}$。这里为了保证计算结果的收敛性，取速度势展开项 $2M=N=30$。从图6.16(a)可以看出，随着 $k_{0y}W$ 的增加，x 方向无因次总水平波浪力 C_{Fx} 逐渐减小，并且当 $k_{0y}W=2\pi$ 时，$C_{Fx}=0$。我们知道，当斜向波与直立墙或不带横隔板开孔墙式防波堤相互作用时，流体运动的速度势沿

结构物长度方向是周期性变化的，在 $2n\pi/k_{0y}(n=1,2,\cdots)$ 长度上的总水平波浪力等于 0。对本章所讨论的问题而言，速度势沿单个沉箱长度满足周期性边界条件（式(6.15)），因此当开孔沉箱长度 $W=2n\pi/k_{0y}(n=1,2,\cdots)$ 时 x 方向无因次总水平波浪力也必然等于 0。从图 6.16(b)可以看出，随着 $k_{0y}W$ 的增加，y 方向无因次总水平波浪力 C_{Fy} 也基本上是逐渐减小的，当 $k_{0y}W=2\pi$ 时，C_{Fy} 变得很小，但并不等于 0。在图 6.16 的计算条件下，当 $k_{0y}W=2\pi$ 以及 $k_0d=1\sim3$ 时，开孔沉箱长度 $W/d=12.6\sim4.2$，很显然，在实际工程中单个沉箱（或消浪室）长度很难达到这样的大值。但是，图 6.16的分析仍然可以给我们很好的启示：在工程中加大单个开孔沉箱（或消浪室）的长度，使其更接近 $W=2\pi/k_{0y}$，对减小 x 和 y 方向无因次总水平波浪力都是很有利的。

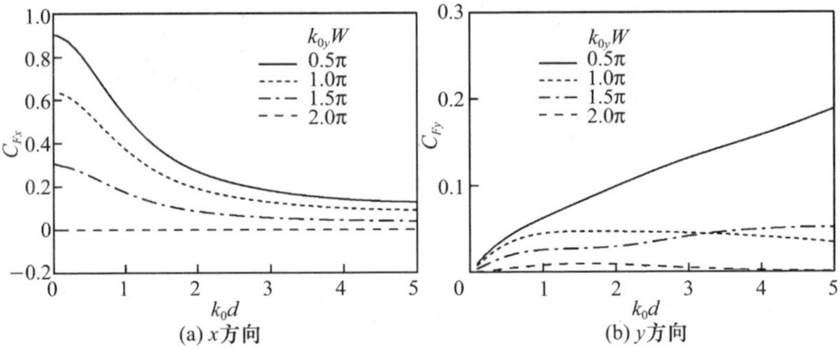

图 6.16 开孔沉箱长度 $k_{0y}W$ 对无因次总水平波浪力的影响

Fig. 6.16 Effects of the perforated caisson length $k_{0y}W$ on the dimensionless total horizontal wave forces

7 两种改良型的开孔墙式防波堤结构

本章提出两种改良型的开孔墙式防波堤结构:结构Ⅰ为消浪室内部带一淹没式水平多孔板的全开孔墙式防波堤,结构Ⅱ为消浪室内部带部分填料的全开孔墙式防波堤。基于线性势流理论,利用匹配特征函数展开法推导了波浪与这两种改良结构相互作用的理论解,计算和讨论了结构物的反射系数和波浪力,分析了两种改良结构的水动力特性,并与相关结构进行了比较。

7.1 结构提出的背景与目的

在前面的章节中,开孔墙式防波堤都是由开孔沉箱构成的,前开孔墙是整个沉箱的一部分,通过底板和横隔板与后面的箱体浇注在一起。但是在工程中,尤其是在旧防波堤改造和一些小码头的建设中,前开孔墙有时是单独存在的结构,比如:前开孔墙可以是一排近距离排列的方(圆)桩,或是通过管桩固定的多孔混凝土板。这时候,除了考虑整个开孔墙式防波堤的消波性能外,还需要关注开孔墙自身的稳定性。

另一方面,在本书前面的研究中开孔墙都是垂直放置的,实际上，水平淹没于水中的实体板或多孔板也被用作防波堤来部分地反射入射波，可以保护海岸线，并且不会破坏近海环境。特别是，具有适度几何开孔率的水平多孔板可以有效地耗散入射波能量[46]，关于水平（多孔）板防波堤的研究可见 Yu[47] 的综述。在工程中，水平板的施工难度要大一些，需要用桩、柱结构来固定和支撑，也有研究者建议将水平板与其他海工结构物修建在一起共同使用。例如：Wu 等[48]在直墙前安装一道水平多孔板，来降低反射系数和直墙上的波浪爬高；Wu 等[49]在直立圆柱周围安装一个多孔圆环，以降低圆柱上的水平波浪力、水平波浪力矩和波浪爬高；需要特别注意的是，Yip 等[29]在全开孔墙式防波堤的消浪室内安装一道水平实体板来提高前开孔墙的稳定性，并发现在有、无水平实体板的情况下，防波堤的水动力特性是类似的，但是在安装水平实体板后，结构物达到最小反射时所对应的消浪室宽度大幅度减小。

基于以上考虑，本章提出一种改良型的开孔墙式防波堤结构——消浪室内部带一淹没式水平多孔板的全开孔墙式防波堤（结构Ⅰ），也就是将 Yip 等[29]结构中的水平实体板变为水平多孔板。提出这种结构的目的主要包括两方面：(1)提高前开孔墙的抗倾覆稳定性，这应该是显而易见的；(2)进一步提高开孔墙式防波堤的消波性能，这也应该是可行的，因为水平多孔板本身就可以耗散一定的波浪能量。

要减小开孔墙的受力，提高其稳定性，还有一种方法就是在消浪室内填满块石等多孔介质，这样的工程实例可见于加拿大 Kelsey 湾的一个旧防波堤改造，Isaacson 等[5]从理论上对波浪与这种多孔结构的相互作用进行了分析。加拿大 Kelsey 湾的一个旧防波堤原本是用一艘座底的钢壳船建成，由于受到海水的常年腐蚀，逐渐失效，需要重新修建。由于原防波堤的拆除费用昂贵，工程中只是在原有结构的前方新设置了一道开孔墙，开孔墙的墙身为带圆孔的混凝土预制板，并通过一些插入海床的 H 形管桩来固定，最后将前开孔墙和原防波堤之间用块石填满到静水位以上。Isaacson 等[5]对这一结构的理论分析表明：将消浪室内填满块石后，可以有效地降低开孔墙上的波浪力，但是也大大增加了开孔墙式防波堤的反射系数和结构前的波浪爬高。

基于 Isaacson 等[5]的研究，本章提出另一种改良型的开孔墙式防波堤结构——消浪室内部带部分填料的全开孔墙式防波堤（结构Ⅱ），也就是将开孔墙式防波堤的消浪室用块石或混凝土块填到距离静水位一定距离即可，而不是像 Isaacson 等[5]那样整个填满。提出这种结构的目的主要包括两方面：(1)在有效减小前开孔墙所受波浪力和力矩的同时，将开孔墙式防波堤的反射系数控制在较低的范围；(2)节省工程材料。

7.2 波浪与内部带水平多孔板全开孔墙式防波堤的相互作用（结构Ⅰ）

7.2.1 数学模型的建立与求解

图 7.1 给出这一问题的理想化示意图。将内部带淹没式水平多孔板的全开孔墙式防波堤安放在水深为 d 的海域中。开孔墙式防波堤消浪室宽度为 B，消浪室内水平多孔板的淹没深度为 b，水平多孔板与海底之间的距离为 a，故 $d=a+b$。整个结构物受到正向入射规则波的作用，入射波波高为 H、波长为 L、周期为 T。采用

二维笛卡尔坐标系描述该问题,坐标原点 O 位于后实体墙和静水面的交点处,x 轴水平向右,z 轴垂直向上。为了求解方便,将整个流域分成 3 个区域:区域①为开孔墙式防波堤前的流域;区域②为消浪室内水平多孔板以上流域;区域③为消浪室内水平多孔板以下流域。在考虑波浪与整个开孔墙式防波堤作用时,前开孔墙和水平多孔板厚度相对于入射波波长来说很小,因此可忽略不计。

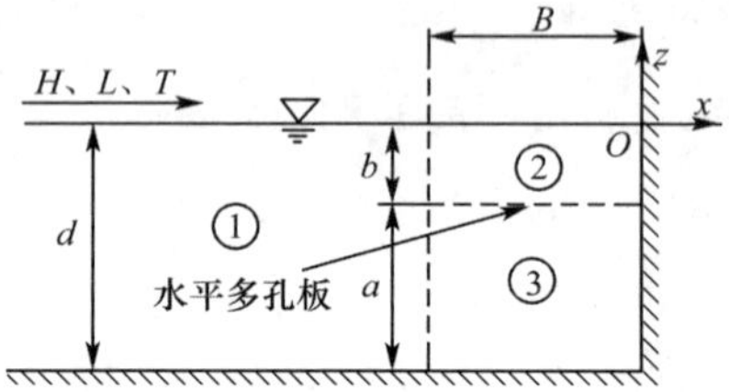

图 7.1 带水平多孔板开孔墙式防波堤示意图

Fig. 7.1 Sketch of a perforated wall breakwater with a horizontal porous plate

假定流体是无黏不可压缩的理性流体,流体的运动是无旋的。考虑角频率为 ω 的规则波作用,各区域内流体运动的速度势和动水压力可分别写为

$$\Phi(x,z,t)=\mathrm{Re}[\varphi(x,z)\mathrm{e}^{-\mathrm{i}\omega t}] \tag{7.1}$$

$$P(x,z,t)=\mathrm{Re}[p(x,z)\mathrm{e}^{-\mathrm{i}\omega t}] \tag{7.2}$$

其中 $\varphi(x,z)$和 $p(x,z)$分别为与时间无关的空间速度势和动水压力。

在各区域内,速度势均满足拉普拉斯方程:

$$\frac{\partial^2\varphi_j(x,z)}{\partial x^2}+\frac{\partial^2\varphi_j(x,z)}{\partial z^2}=0;j=1,2,3 \tag{7.3}$$

其中下标 j 用来代表区域 j 内的变量。

速度势需要在自由水面、左侧远场、水底、后实体墙以及不同区域的交界面上满足相应的边界条件:

$$\frac{\partial \varphi_j}{\partial z}=\frac{\omega^2}{g}\varphi_j,z=0;j=1,2 \tag{7.4}$$

$$\frac{\partial \varphi_R}{\partial x}=-\mathrm{i}k_0\varphi_R,x\to-\infty \tag{7.5}$$

$$\frac{\partial \varphi_j}{\partial z}=0,z=-d;j=1,3 \tag{7.6}$$

$$\frac{\partial \varphi_j}{\partial x}=0,x=0;j=2,3 \tag{7.7}$$

$$\frac{\partial \varphi_2}{\partial z}=\frac{\partial \varphi_3}{\partial z},z=-b \tag{7.8}$$

$$\frac{\partial \varphi_2}{\partial z}=\mathrm{i}k_0G_h(\varphi_3-\varphi_2),z=-b \tag{7.9}$$

$$\frac{\partial \varphi_1}{\partial x}=\begin{cases}\dfrac{\partial \varphi_2}{\partial x}; & -b\leqslant z\leqslant 0\\ \dfrac{\partial \varphi_3}{\partial x}; & -d\leqslant z<-b\end{cases},x=-B \tag{7.10}$$

$$\frac{\partial \varphi_1}{\partial x}=\begin{cases}\mathrm{i}k_0G_v(\varphi_1-\varphi_2); & -b\leqslant z\leqslant 0\\ \mathrm{i}k_0G_v(\varphi_1-\varphi_3); & -d\leqslant z<-b\end{cases},x=-B \tag{7.11}$$

式中：g 为重力加速度；k_0 为入射波波数；φ_R 为结构物前反射波的速度势；G 为开孔薄板的孔隙影响系数；下标 h 和 v 分别表示与水平多孔板和前直立开孔墙有关的量。式(7.10)、(7.11)为前文多次用到的前开孔墙边界条件[11]，而式(7.8)、(7.9)则为类似的水平多孔板处边界条件。式(7.8)表示区域②和③之间垂直方向质量输运守恒，式(7.9)表示流体通过水平多孔板的法向速度与水平多孔板两侧的压力差成正比。

应用分离变量法，在区域①内满足控制方程(7.3)和边界条件(7.4)～(7.6)的速度势可以写为

$$\varphi_1=-\frac{\mathrm{i}gH}{2\omega}\left[\mathrm{e}^{\mathrm{i}k_0(x+B)}Z_0(z)+R_0\mathrm{e}^{-\mathrm{i}k_0(x+B)}Z_0(z)+\sum_{m=1}^{\infty}R_m\mathrm{e}^{k_m(x+B)}Z_m(z)\right]$$

(7.12)

式中：$R_m(m=0,1,2,\cdots)$是未知的特征展开系数，$Z_m(z)(m=0,1,2,\cdots)$是沿水深方向的特征函数，即

$$Z_m(z)=\begin{cases}\cosh k_0(z+d)/\cosh k_0 d; & m=0\\ \cos k_m(z+d)/\cos k_m d; & m=1,2,\cdots\end{cases}\tag{7.13}$$

波数 k_0 和 $k_m(m=1,2,\cdots)$为正实数，满足色散方程：

$$\omega^2=gk_0\tanh k_0 d=-gk_m\tan k_m d;m=1,2,\cdots\tag{7.14}$$

在区域②③内满足控制方程(7.3)、边界条件(7.4)以及式(7.6)～(7.9)的速度势可以写为

$$\varphi_2=-\frac{\mathrm{i}gH}{2\omega}\sum_{n=0}^{\infty}A_nU_n(z)\cos\lambda_n x\tag{7.15}$$

$$\varphi_3=-\frac{\mathrm{i}gH}{2\omega}\sum_{n=0}^{\infty}A_nD_n(z)\cos\lambda_n x\tag{7.16}$$

式中：$A_n(n=0,1,2,\cdots)$是未知的特征展开系数，$U_n(z)$、$D_n(z)(n=0,1,2,\cdots)$是开孔墙式防波堤内部沿垂直方向的特征函数：

$$U_n(z)=\frac{\cosh\lambda_n(z+d)-S_n\sinh\lambda_n(z+d)}{\cosh\lambda_n d-S_n\sinh\lambda_n d}\tag{7.17}$$

$$D_n(z)=\frac{(1-T_n)\cosh\lambda_n(z+d)}{\cosh\lambda_n d-S_n\sinh\lambda_n d}\tag{7.18}$$

$$T_n=\frac{\lambda_n\tanh\lambda_n a}{\lambda_n\tanh\lambda_n a-\mathrm{i}k_0G_{\mathrm{h}}(1-\tanh^2\lambda_n a)}\tag{7.19}$$

$$S_n=T_n\tanh\lambda_n a\tag{7.20}$$

复波数 $\lambda_n(n=0,1,2,\cdots)$满足水波在水平多孔板上运动的复色散方程：

$$\omega^2 - g\lambda_n \tanh \lambda_n d = S_n(\omega^2 \tanh \lambda_n d - g\lambda_n);n=0,1,2,\cdots \tag{7.21}$$

这里仍采用附录所介绍的 Mendez 等[26]的方法来确定上述复色散方程的根。

未知的特征展开系数 R_m 和 A_n 均为复数，需要通过匹配前开孔墙处的边界条件(7.10)、(7.11)得到。

将各区域内速度势的表达式代入式(7.10)可得

$$\mathrm{i}k_0 Z_0(z) - \mathrm{i}k_0 R_0 Z_0(z) + \sum_{m=1}^{\infty} k_m R_m Z_m(z) = \begin{cases} \sum\limits_{n=0}^{\infty} \lambda_n A_n \sin \lambda_n B U_n(z); & -b \leqslant z \leqslant 0 \\ \sum\limits_{n=0}^{\infty} \lambda_n A_n \sin \lambda_n B D_n(z); & -d \leqslant z < -b \end{cases} \tag{7.22}$$

将方程(7.22)两边乘上特征函数系 $Z_m(z)(m=0,1,2,\cdots)$，然后沿水深方向从 $-d \sim 0$ 进行积分，并在积分运算中使用正交关系 $\int_{-d}^{0} Z_m(z) Z_n(z) \mathrm{d}z = 0 (m \neq n)$，最后将开孔墙式防波堤内外速度势的展开项 m 和 n 分别截断到 M 和 N 项，便可以得到一个线性方程组：

$$\{e_m\}_{M+1} + \{R_m\}_{M+1} = [C_{mn}]_{(M+1)\times(N+1)} \{A_n\}_{N+1} \tag{7.23}$$

其中

$$e_m = \begin{cases} -1; & m=0 \\ 0; & m=1,2,\cdots,M \end{cases}$$

$$C_{mn} = \frac{\lambda_n \sin \lambda_n B \left[\int_{-b}^{0} Z_m(z) U_n(z) \mathrm{d}z + \int_{-d}^{-b} Z_m(z) D_n(z) \mathrm{d}z \right]}{\bar{k}_m \int_{-d}^{0} Z_m^2(z) \mathrm{d}z}$$

$$\bar{k}_m=\begin{cases}-\mathrm{i}k_0; & m=0\\ k_m; & m=1,2,\cdots,M\end{cases}$$

$$m=0,1,\cdots,M,n=0,1,\cdots,N$$

将各区域内速度势的表达式代入式(7.11)可得

$$\mathrm{i}k_0(G_\mathrm{v}-1)Z_0(z)+\sum_{m=0}^{\infty}(\mathrm{i}k_0G_\mathrm{v}-\bar{k}_m)R_mZ_m(z)=$$

$$\begin{cases}\mathrm{i}k_0G_\mathrm{v}\sum\limits_{n=0}^{\infty}A_n\cos\lambda_nBU_n(z); & -b\leqslant z\leqslant 0\\ \mathrm{i}k_0G_\mathrm{v}\sum\limits_{n=0}^{\infty}A_n\cos\lambda_nBD_n(z); & -d\leqslant z<-b\end{cases}\tag{7.24}$$

将方程(7.24)两边乘上特征函数系 $Z_m(z)(m=0,1,2,\cdots)$,然后采用与方程(7.22)类似的处理方法,可得到另外一个线性方程组:

$$\{f_m\}_{M+1}+\{R_m\}_{M+1}=[E_{mn}]_{(M+1)\times(N+1)}\{A_n\}_{N+1}\tag{7.25}$$

其中

$$f_m=\begin{cases}\dfrac{G_\mathrm{v}-1}{G_\mathrm{v}+1}; & m=0\\ 0; & m=1,2,\cdots,M\end{cases}$$

$$E_{mn}=\frac{\mathrm{i}k_0G_\mathrm{v}\cos\lambda_nB\left[\int_{-b}^{0}Z_m(z)U_n(z)\mathrm{d}z+\int_{-d}^{-b}Z_m(z)D_n(z)\mathrm{d}z\right]}{(\mathrm{i}k_0G_\mathrm{v}-\bar{k}_m)\int_{-d}^{0}Z_m^2(z)\mathrm{d}z}$$

$$m=0,1,\cdots,M,n=0,1,\cdots,N$$

通过求解线性方程组(7.23)、(7.25)可以得到特征展开系数 R_m 和 A_n,便可计算出各区域内的速度势,随后就可以求得开孔墙式防波堤的反射系数以及作用于结构物上的波浪力和力矩。

规则波的反射系数 K_R 定义为反射波波高与入射波波高的比值,表达式为

$$K_R = |R_0| \tag{7.26}$$

流域内任意点的动水压力可通过线性伯努利方程来计算：

$$p(x,y) = \mathrm{i}\rho\omega\varphi(x,y) \tag{7.27}$$

其中 ρ 为水体密度。沿着结构物表面对动水压力进行积分，便可以得到作用于前开孔墙和水平多孔板上的波浪力和力矩。需要说明的是，本章所涉及的波浪力和力矩都是指沿开孔墙式防波堤长度方向的单位值。作用于前开孔墙上的水平波浪力 F_x 和力矩 M_x（对前墙趾点）分别为

$$F_x = \frac{\rho g H}{\mathrm{i}2k_0 G_v}\left[\mathrm{i}(1-R_0)\tanh k_0 d + \sum_{m=1}^{M} R_m \tan k_m d\right] \tag{7.28}$$

$$M_x = F_x d + \frac{\rho g H}{\mathrm{i}2k_0 G_v}\left[\mathrm{i}(1-R_0)\frac{1-\cosh k_0 d}{k_0 \cosh k_0 d} + \sum_{m=1}^{M} R_m \frac{\cos k_m d - 1}{k_m \cos k_m d}\right] \tag{7.29}$$

作用于水平多孔板上的垂直波浪力 F_z 和力矩 M_z（对水平多孔板与后实体墙交点）分别为

$$F_z = \frac{\rho g H}{\mathrm{i}2k_0 G_h}\sum_{n=0}^{N}\frac{A_n U'_n(-b)\sin\lambda_n B}{\lambda_n} \tag{7.30}$$

$$M_z = \frac{-\rho g H}{\mathrm{i}2k_0 G_h}\sum_{n=0}^{N}\frac{A_n U'_n(-b)(1-\cos\lambda_n B - \lambda_n B\sin\lambda_n B)}{\lambda_n^2} \tag{7.31}$$

定义前开孔墙上水平波浪力和力矩的无因次形式如下：

$$C_{Fx} = \frac{|F_x|}{\rho g H d},\ C_{Mx} = \frac{|M_x|}{\rho g H d^2} \tag{7.32}$$

定义水平多孔板上垂直波浪力和力矩的无因次形式如下：

$$C_{Fz} = \frac{|F_z|}{\rho g H B},\ C_{Mz} = \frac{|M_z|}{\rho g H B^2} \tag{7.33}$$

7.2.2 数学模型的验证

根据上面的理论结果，编制了 Fortran 程序来计算结构物的反射系数和波浪力，本小节从理论上检验作者所推导的理论解以及相应计算程序的正确性。

在理论解的求解中，首先要确定速度势展开项数 M 和 N，以得到收敛的数值结果。取不同的 M 和 N 对反射系数进行计算，计算条件为：水平多孔板淹没深度 $b/d=0.2$，消浪室宽度 $B/d=0.5$，前开孔墙孔隙影响系数 $G_v=2.0e^{0i}$，水平多孔板孔隙影响系数 $G_h=1.0e^{0i}$。表 7.1 给出不同 M、N 和 k_0d 所对应的反射系数计算结果，可以看出，当 $M=N=40$ 时计算结果可以精确到小数点后 3 位，这对工程问题而言是足够的，因此在计算中取 $M=N=40$。

表 7.1 不同 *M* 和 *N* 的反射系数收敛性检验（结构Ⅰ）

Tab. 7.1 The convergence examination on reflection coefficient for different values of *M* and *N* (Structure Ⅰ)

非传播模态	反射系数 K_R				
$M=N$	$k_0d=0.5$	$k_0d=1.5$	$k_0d=2.5$	$k_0d=3.5$	$k_0d=4.5$
0	0.817 2	0.198 5	0.126 3	0.194 9	0.406 9
5	0.862 2	0.362 9	0.083 4	0.188 7	0.434 4
10	0.861 6	0.367 6	0.085 2	0.188 1	0.438 3
20	0.860 8	0.368 9	0.085 8	0.187 9	0.437 3
40	0.860 3	0.369 1	0.086 0	0.187 9	0.436 8
60	0.860 1	0.369 1	0.086 0	0.187 9	0.436 6
80	0.860 0	0.369 1	0.086 0	0.187 9	0.436 6

Yip 等[29]给出了正向规则波与内部带水平实体板全开孔墙式防波堤（$|G_h|=0$）相互作用的理论解，这里将本章反射系数计算结果与他们的计算结果进行对比验证。图 7.2 给出相应的计算结

果，计算条件为：$k_0d=1.2$，$G_v=2.0e^{0i}$，$b/d=0.2$、0.4、1。在计算程序中将水平多孔板孔隙影响系数的模取为一个极小值$|G_h|=1\times10^{-5}$。图 7.2 中线代表本书计算结果，点代表 Yip 等[29]计算结果，可以看出两种不同方法的计算结果是一致的。需要说明的是，当开孔墙式防波堤内部没有水平多孔板时（$b/d=1$ 或 $G_h=+\infty$），本章程序中反射系数的计算结果与 Sahoo 等[20]给出的式(3.5)的计算结果是一致的。

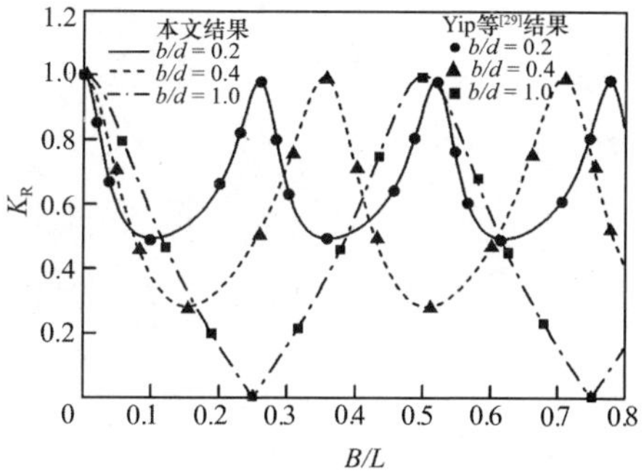

图 7.2　本书理论与 Yip 等[29]的比较

Fig. 7.2　Comparison between present theory and Yip, *et al*.[29]

Wu 等[48]给出了正向规则波与直立实体墙前带一淹没式水平多孔板结构（$|G_v|=+\infty$）相互作用的理论解，这里也将本章反射系数计算结果与 Wu 等[48]的计算结果进行对比验证。图 7.3 给出相应的计算结果，计算条件为：$d/L=0.25$，$b/d=0.2$，$G_h=|G_h|e^{0i}$。在计算程序中将前开孔墙孔隙影响系数的模取为一个极大值$|G_h|=1\times10^5$。图 7.3 中线代表本书计算结果，点代表 Wu 等[48]计算结果，可以看出两种不同方法的计算结果也是一致的。

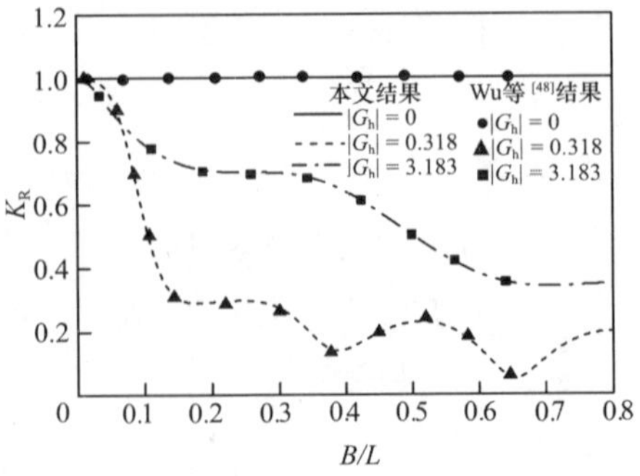

图 7.3 本书理论与 Wu 等[48]的比较

Fig. 7.3 Comparison between present theory and Wu, *et al.*[48]

以上这些对比分析证明了本节所推导的理论解以及相应计算程序的正确性。在下一节的计算分析中，对于水平多孔板为实体和完全透水的情况，在计算程序中仍分别取 $|G|=1\times10^{-5}$ 和 $|G|=1\times10^{5}$。

7.2.3 结果分析和讨论

本节将通过具体的算例来分析内部带水平多孔板开孔墙式防波堤的水动力性能。

图 7.4 给出水平多孔板淹没深度 b/d 对反射系数的影响，计算条件为：$k_0d=1.3$，$B/L=0.3$，$G_h=|G_h|e^{0i}$，$G_v=1.0e^{0i}$、$2.0e^{0i}$。从图 7.4 可以看出，随着水平多孔板孔隙影响系数的增加，开孔墙式防波堤的反射系数趋向于某一定值，这一定值为结构物内部没有水平多孔板时的反射系数，这从物理上来说是很合理的。需要说明的是，当 $|G_h|=0$ 时，图中反射系数曲线的最大值应该为 1[29]，图中最大值与 1 之间的微小差别应该是源于计算中的数值误差。从图 7.4 还可以看出，水平多孔板对结构物反射系数的影响随 b/d 的增加而迅速减弱，这是因为波浪场中水质点的运动速度随水深

的增加呈指数衰减。这也表明,要充分发挥水平多孔板的功效,就应该将其安装在靠近自由水面处。

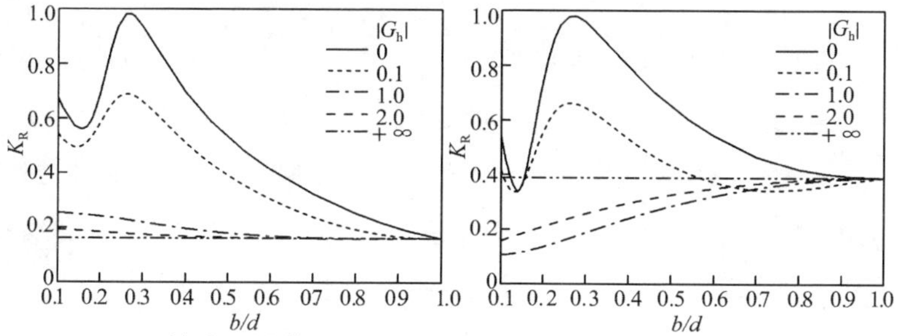

图 7.4　水平多孔板淹没深度 b/d 对反射系数的影响

Fig. 7.4　Effects of the submerged depth b/d of horizontal porous plate on the reflection coefficient

图 7.5 给出水平多孔板孔隙影响系数的模 $|G_h|$ 对反射系数的影响,计算条件为:$k_0d=1.3$,$b/d=0.2$,$G_h=|G_h|e^{0i}$,$G_v=1.0e^{0i}$、$2.0e^{0i}$。从图 7.5 可以看出,当开孔墙式防波堤内部没有水平多孔板时($|G_h|\rightarrow+\infty$),反射系数随 B/L 的增加在其最小值和 1 之间周期性地变化,这在 4.4.1 节已经做了详细的介绍。当在开孔墙式防波堤内部安装一水平实体板时($|G_h|=0$),反射系数随 B/L 的变化规律与防波堤内部没有水平多孔板时是十分类似的。但是,在消浪室内安装水平实体板后,水平实体板上的波长减小,反射系数达到最小值的位置向左边 B/L 较小处做大幅度移动,因此,在消浪室相对宽度 B/L 很小时($B/L=0.07\sim0.13$),防波堤的反射系数还可以被控制在 0.3 以下。这表明,在开孔墙式防波堤内安装水平实体板对减小消浪室宽度有很大帮助,这在 Yip 等[29]的文章中可以找到详细的说明。实际上,内部带水平实体板全开孔墙式

防波堤的消波性能与局部开孔墙式防波堤[15]几乎是完全一致的。当防波堤内部的水平板被开孔后，消浪室内波浪的运动会变得更加复杂，消浪室内流体通过水平多孔板时，将伴随着能量的损耗和相位的改变，这就相当于在消浪室内安装了一个吸波装置。此时，如图 7.5 所示，尽管反射系数曲线随 B/L 的增加仍呈现出摆动特征，但是摆动的幅值随 B/L 的增加而减小。当 $|G_h|$ 从 0 增加到无穷大时，反射系数摆动的幅值首先减小，达到某一最小值后又继续增加，这是由于水平多孔板孔隙影响系数大小适中时，入射波通过水平多孔板时的能量耗散最大[46]。从图 7.5(b)可以看出，当 $|G_v|=2$、$|G_h|=0.5\sim1$ 时，只要 $B/L>0.15$，防波堤反射系数便始终低于 0.3，除了提高前开孔墙的抗倾覆稳定性外，这应该是在开孔墙式防波堤内安装水平多孔板的另一个重要优点。我们知道，当开孔墙式防波堤内部没有水平多孔板或者安装一水平实体板时，防波堤结构只能在某些 B/L 范围内发挥较好的消波性能。但在实际工程中，B/L 很有可能随入射波波长的改变而在较大的范围内变化，很显然，在开孔墙式防波堤内安装合适的水平多孔板可以使防波堤更好地吸收不同波长的入射波。

第 3 章的研究表明，在实际工程条件下，当开孔墙的几何开孔率为 0.2～0.4 时，开孔墙的孔隙影响系数为 0.5～2。因此，为了在实际工程中更好地发挥当前结构的消波性能，前开孔墙的几何开孔率宜取 0.4 左右，水平多孔板的几何开孔率可取 0.2 左右，而消浪室宽度与当地入射波波长的比值宜大于 0.15，这样开孔墙式防波堤结构可以始终保持低反射。

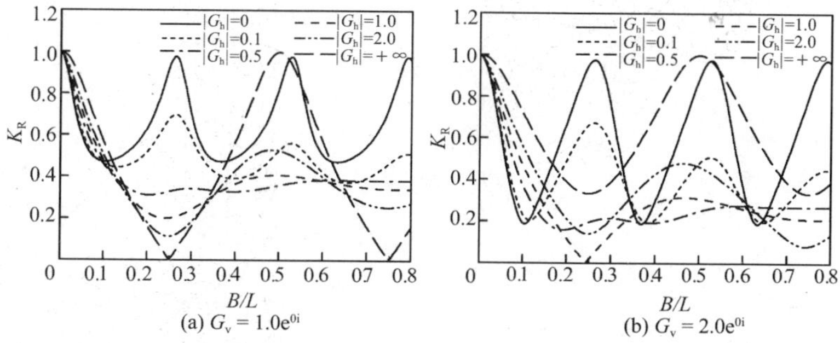

图 7.5 水平多孔板孔隙影响系数的模$|G_h|$对反射系数的影响

Fig. 7.5 Effects of porous effect coefficient modulus $|G_h|$ of horizontal porous plate on the reflection coefficient

图 7.6 给出前开孔墙孔隙影响系数的模$|G_v|$对反射系数的影响，计算条件为：$k_0d=1.3$，$b/d=0.2$，$B/L=0.3$，$G_v=|G_v|e^{0i}$，$G_h=|G_h|e^{0i}$，图中横坐标为对数坐标，表示前开孔墙孔隙影响系数的模$|G_v|$，纵坐标表示开孔墙式防波堤的反射系数K_R。从图 7.6 可以看出，当开孔墙式防波堤内水平板不开孔或完全开孔时（$|G_h|=0$或$|G_h|\to+\infty$），结构物的反射系数在$|G_v|$大小适中时达到最小值。这时候入射波只在通过前开孔墙时产生能量耗散，在前文中已经提到，开孔墙孔隙影响系数大小适中时产生的能量耗散最大。从图 7.6 还可以看出，当$|G_h|>0.5$时，将防波堤内部的水平板开孔后，反射系数随$|G_v|$的变化规律与水平板不开孔时是类似的。但是，从图 7.6 也注意到，当$|G_h|=0.5$时，反射系数随$|G_v|$的增加是单调减小的。这表明，当前开孔墙不存在时，只要把水平多孔板孔隙影响系数取为适度小的值，结构物同样可以具有很好的消波性能，这一点从图 7.3 也可以看出来（$|G_h|=0.318$，虚线）。不过对工程问题而言，尤其是将水平多孔板安装到开孔沉箱内部用来作为码头墙身时，前开孔墙是必需的。

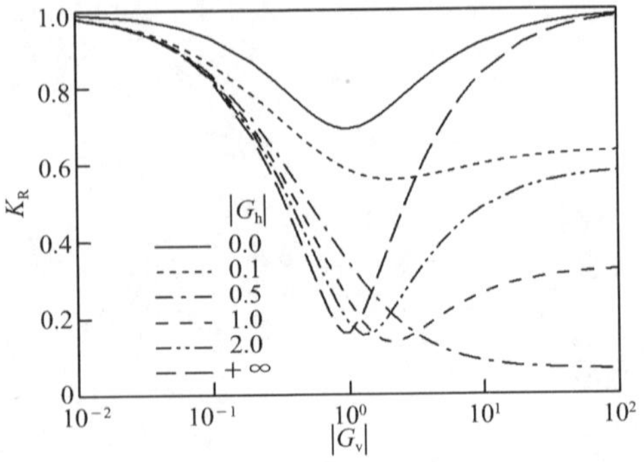

图 7.6 前开孔墙孔隙影响系数的模$|G_v|$对反射系数的影响

Fig. 7.6 Effect of porous effect coefficient modulus $|G_v|$ of perforated front wall on the reflection coefficient

前文已经提到，开孔墙（板）孔隙影响系数的辐角 γ 在工程应用条件下通常为一小值，不过这里还是给出两个算例来分析前开孔墙和水平多孔板孔隙影响系数的辐角对反射系数的影响，以便考虑其中有趣的水动力现象。图 7.7(a)给出前开孔墙孔隙影响系数的辐角 γ_v 对反射系数 K_R 的影响，计算条件为：$k_0d=1.3$，$b/d=0.2$，$G_h=1.0e^{0i}$，$G_v=2.0e^{i\gamma_v}$。当波浪通过开孔板时，波浪能量的损耗只与孔隙影响系数 G 的实部有关，G 的虚部只是改变入射波的相位，增加 G 的辐角使其虚部增加，实部则相应减小。因此，如图 7.7(a)所示，随着 γ_v 的增加，反射系数曲线向左侧移动，与此同时，入射波能量耗散降低，反射系数相应增加。图 7.7(b)给出水平多孔板孔隙影响系数的辐角 γ_h 对反射系数 K_R 的影响，计算条件为：$k_0d=1.3$，$b/d=0.2$，$G_v=2.0e^{0i}$，$G_h=1.0e^{i\gamma_h}$。通过比较图7.7(a)、(b)可以看出，γ_h 和 γ_v 对反射系数的影响是类似的，不过 γ_h 的影响更为明显。从图 7.7(b)还可以看出，当 $\gamma_h=\pi/2$ 时，反射系数随 B/L 的增加仍然呈周期性变化，因为这时候水平多孔板的孔隙影响系数为纯虚数，并不会对入射波产生能量耗散。不过，此时水平多孔板的存在会再次改变进入消浪室内的波浪相位，使反射系数虽然呈周期性变化但是最大值并不能达到 1($B/L=0$ 除外)。如果在开孔墙式防波堤的消浪室内安装一道开孔直立墙，也可以观察到同样的现象[50]。

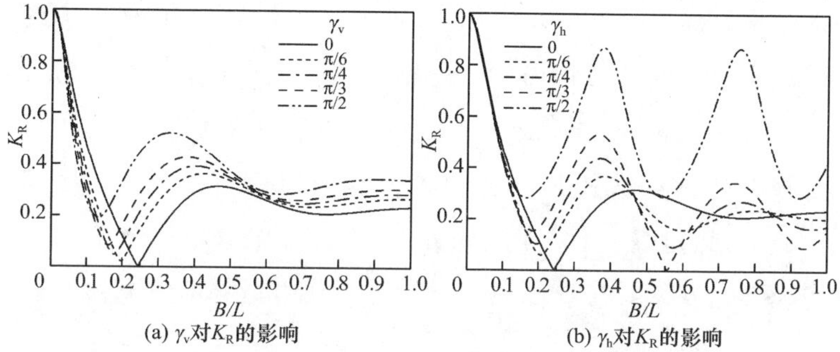

图 7.7　孔隙影响系数的辐角 γ 对反射系数的影响

Fig. 7.7　Effects of the argument γ of porous effect coefficient on the reflection coefficient

图 7.8、7.9 分别给出前开孔墙和水平多孔板上无因次总波浪力和力矩随 $|G_h|$ 的变化，计算条件与图 7.5(b)一致，即 $k_0d=1.3$，$b/d=0.2$，$G_h=|G_h|e^{0i}$，$G_v=2.0e^{0i}$。从图 7.8 可以看出，前开孔墙上的无因次总水平波浪力 C_{Fx} 和力矩 C_{Mx} 随 B/L 的变化规律是基本一致的。通过图 7.8、7.5(b)的分析比较可以发现，随着 B/L 的增加，C_{Fx} 和 C_{Mx} 与反射系数 K_R 的变化规律是正好相反的。当开孔墙式防波堤内水平板不开孔或完全开孔时($|G_h|=0$ 或 $|G_h|\rightarrow+\infty$)，C_{Fx} 和 C_{Mx} 都随着 B/L 的增加呈完全的周期性变化，当 C_{Fx} 和 C_{Mx} 达到最大值时相应的反射系数最小，当 C_{Fx} 和 C_{Mx} 达到最小值时相应的反射系数最大，这在 Yip 等[29]的文章中有详细的解释，

在图6.12中也有说明。当防波堤内的水平板被开孔后，C_{Fx} 和 C_{Mx} 不再随 B/L 的增加呈周期性变化，但仍呈现出与图 7.5(b)中反射系数 K_R 相反的摆动特征。从图 7.8 还可以看出，当 B/L 在 0.1～0.4的范围内变化时，在防波堤内安装水平多孔板有助于减小前开孔墙上的波浪力和力矩。从图 7.9 可以看出，水平多孔板上的无因次总垂直波浪力 C_{Fz} 和力矩 C_{Mz} 随 B/L 的变化规律也是基本一致的。从图 7.9 还可以看出，C_{Fz} 和 C_{Mz} 随着水平多孔板孔隙影响系数的模 $|G_h|$ 的增加(几何开孔率的增加)而显著减小，这说明在水平板上开孔对增加其自身和整个结构的稳定性也是十分有利的。最后通过比较图 7.8、7.9 可以发现，如果 $|G_h|\geqslant 1$，作用于前开孔墙和水平多孔板上的无因次波浪力和力矩在量级上相当。

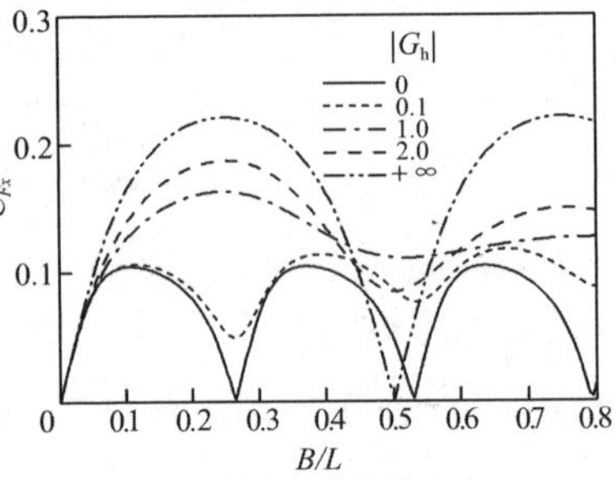

(a) 总水平波浪力 C_{Fx}

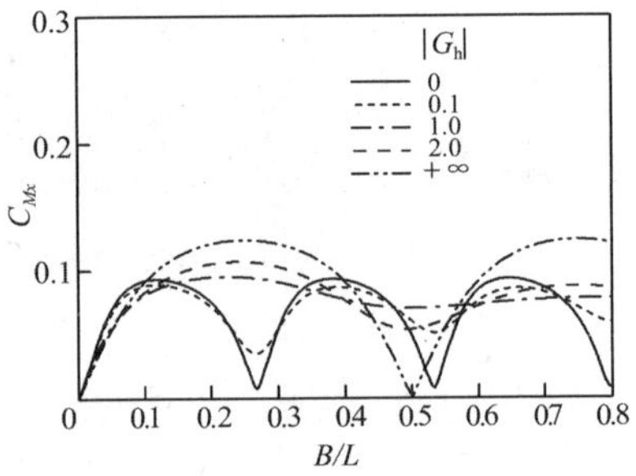

(b) 力矩 C_{Mx}

图 7.8 $|G_h|$ 对前开孔墙上总水平波浪力和力矩的影响

Fig. 7.8 Effects of $|G_h|$ on the total horizontal wave force and moment acting on the perforated front wall

以上的分析表明，将本节开孔墙式防波堤(结构 Ⅰ)前开孔墙和水平多孔板的几何开孔率分别取为 0.4 和 0.2 左右时可以达到较好的消波效果。此时如果消浪室相对宽度 $B/L>0.15$，防波堤结构的反射系数可以始终控制在 0.3 以下，除了提高前开孔墙的

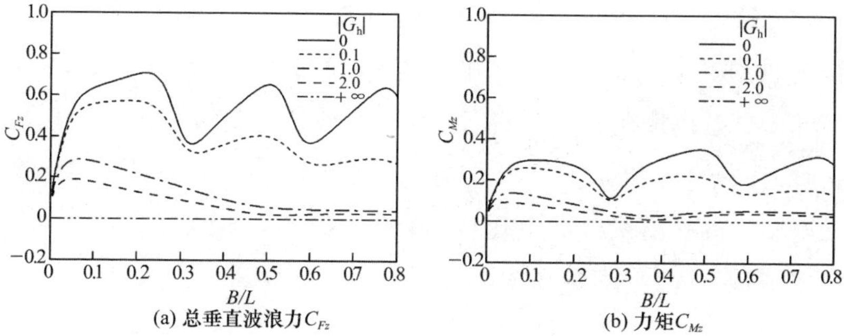

图 7.9 $|G_h|$对水平多孔板上总垂直波浪力和力矩的影响

Fig. 7.9 Effects of $|G_h|$ on the total vertical wave force and moment acting on the horizontal porous plate

稳定性，这是结构Ⅰ的另一个重要优点。此外，将防波堤内的水平板开孔后，可以显著减小水平板所受波浪力和力矩，这有利于提高结构的稳定性。工程中，由于波浪引起水质点的运动速度随水深的增加呈指数衰减，需要将水平多孔板安装在靠近自由水面处，以便更好地发挥其消波性能。

7.3 波浪与内部带部分填料全开孔墙式防波堤的相互作用（结构Ⅱ）

7.3.1 数学模型的建立与求解

图 7.10 给出这一问题的理想化示意图。将消浪室被块石部分填充的全开孔墙式防波堤安放在水深为 d 的海域中。开孔墙式防波堤消浪室宽度为 B，消浪室内填料厚度为 a，填料表面与静水面距离为 b，故 $d=a+b$。整个结构物受到正向入射规则波的作用，入射波波高为 H、波长为 L、周期为 T。采用二维笛卡尔坐标系描

述该问题，坐标原点 O 位于后实体墙和静水面的交点处，x 轴水平向右，z 轴垂直向上。为了求解方便，将整个流域分成 3 个区域：区域①为开孔墙式防波堤前的波浪场；区域②为消浪室内填料以上区域的波浪场；区域③为消浪室内填料区域的渗流场。在考虑波浪与整个开孔墙式防波堤作用时，前开孔墙厚度相对于入射波波长来说很小，因此忽略不计。

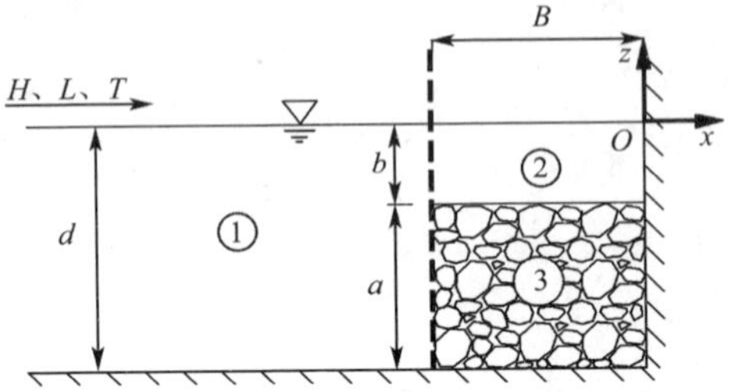

图 7.10　带部分填料全开孔墙式防波堤示意图

Fig. 7.10　Sketch of a fully perforated wall breakwater with a submerged rock fill

假定流体是无黏不可压缩的理性流体，流体的运动是无旋的。考虑角频率为 ω 的规则波作用，各区域内流体运动的速度势和动水压力可以分别写为

$$\Phi(x,z,t)=\mathrm{Re}[\varphi(x,z)\mathrm{e}^{-\mathrm{i}\omega t}] \tag{7.34}$$

$$P(x,z,t)=\mathrm{Re}[p(x,z)\mathrm{e}^{-\mathrm{i}\omega t}] \tag{7.35}$$

其中 $\varphi(x,z)$ 和 $p(x,z)$ 分别为与时间无关的空间速度势和动水压力。

在各区域内，速度势均满足拉普拉斯方程：

$$\frac{\partial^2\varphi_j(x,z)}{\partial x^2}+\frac{\partial^2\varphi_j(x,z)}{\partial z^2}=0;j=1,2,3 \tag{7.36}$$

其中下标 j 用来代表区域 j 内的变量。

速度势需要在自由水面、左侧远场、水底、后实体墙以及不同区域的交界面上满足相应的边界条件：

$$\frac{\partial\varphi_j}{\partial z}=\frac{\omega^2}{g}\varphi_j,z=0;j=1,2 \tag{7.37}$$

$$\frac{\partial\varphi_R}{\partial x}=-\mathrm{i}k_0\varphi_R,x\to-\infty \tag{7.38}$$

$$\frac{\partial\varphi_j}{\partial z}=0,z=-d;j=1,3 \tag{7.39}$$

$$\frac{\partial\varphi_j}{\partial x}=0,x=0;j=2,3 \tag{7.40}$$

$$\frac{\partial\varphi_2}{\partial z}=\varepsilon_r\frac{\partial\varphi_3}{\partial z},z=-b \tag{7.41}$$

$$\varphi_2=(s_r+\mathrm{i}f_r)\varphi_3,z=-b \tag{7.42}$$

$$\frac{\partial\varphi_1}{\partial x}=\begin{cases}\dfrac{\partial\varphi_2}{\partial x}; & -b\leqslant z\leqslant 0\\ \varepsilon_r\dfrac{\partial\varphi_3}{\partial x}; & -d\leqslant z<-b\end{cases},x=-B \tag{7.43}$$

$$\frac{\partial\varphi_1}{\partial x}=\begin{cases}\mathrm{i}k_0G_v(\varphi_1-\varphi_2); & -b\leqslant z\leqslant 0\\ \mathrm{i}k_0G_v[\varphi_1-(s_r+\mathrm{i}f_r)\varphi_2]; & -d\leqslant z<-b\end{cases},x=-B \tag{7.44}$$

式中：g 为重力加速度；k_0 为入射波波数；φ_R 为结构物前反射波的速度势；G 为开孔薄板的孔隙影响系数，下标 v 与上一节一样，用来代表与前开孔直立墙有关的量；ε、f、s 分别为填料（多孔介质）的孔隙率、线性化阻力系数、惯性力系数，下标 r 代表与防波堤内部填料有关的量。

由式(7.36)～(7.44)形成的边值问题与 4.1.1 节所分析的波浪与带填料局部开孔沉箱作用问题是十分类似的，两者的区别在于前开孔墙处的匹配边界条件不同。式(7.43)、(7.44)是 Yu[11] 所推导开孔板边界条件的改正形式(Isaacson 等[5]),其代表意义仍然是开孔板处流体质量输运守恒、流体通过开孔板的法向速度与开孔板两侧压力差成正比。

应用分离变量法,满足控制方程(7.36)和边界条件(7.37)~(7.42)的速度势在各区域内可分别写为

$$\varphi_1 = -\frac{\mathrm{i}gH}{2\omega}\left[Z_0(z)\mathrm{e}^{\mathrm{i}k_0(x+B)} + R_0 Z_0(z)\mathrm{e}^{-\mathrm{i}k_0(x+B)} + \sum_{m=1}^{\infty} R_m Z_m(z)\mathrm{e}^{k_m(x+B)}\right] \tag{7.45}$$

$$\varphi_2 = -\frac{\mathrm{i}gH}{2\omega}\sum_{n=0}^{\infty} A_n U_n(z)\cos\lambda_n x \tag{7.46}$$

$$\varphi_3 = -\frac{\mathrm{i}gH}{2\omega}\sum_{n=0}^{\infty} A_n D_n(z)\cos\lambda_n x \tag{7.47}$$

式中:$R_m(m=0,1,2,\cdots)$和 $A_n(n=0,1,2,\cdots)$是未知的特征展开系数;$U_n(z)$、$D_n(z)(n=0,1,2,\cdots)$和 $Z_m(z)(m=0,1,2,\cdots)$分别为开孔墙式防波堤内、外流域内沿水深方向的特征函数,$k_m(m=0,1,2,\cdots)$和 $\lambda_n(n=0,1,2,\cdots)$为相应的波数。实际上,速度势表达式(7.45)~(7.47)以及式中各符号的代表意义与 4.1.1 节中所给出的是完全一致的,这里不再赘述。但是,本节与 4.1.1 节前开孔墙处的边界条件是完全不同的,因此通过匹配开孔墙边界所得到的 R_m 和 A_n 也是完全不同的。

将各区域内速度势的表达式代入式(7.43)可得

$$\mathrm{i}k_0 Z_0(z) - \mathrm{i}k_0 R_0 Z_0(z) + \sum_{m=1}^{\infty} k_m R_m Z_m(z) = \begin{cases} \sum_{n=0}^{\infty} \lambda_n A_n \sin\lambda_n B U_n(z); & -b \leqslant z \leqslant 0 \\ \sum_{n=0}^{\infty} \lambda_n A_n \sin\lambda_n B \varepsilon_{\mathrm{r}} D_n(z); & -d \leqslant z < -b \end{cases} \tag{7.48}$$

将方程(7.48)两边乘上特征函数系 $Z_m(z)(m=0,1,2,\cdots)$,然后沿水深方向从 $-d\sim 0$ 进行积分,并在积分运算中使用特征函数系 $Z_m(z)$ 的正交关系 $\int_{-d}^{0} Z_m(z)Z_n(z)\mathrm{d}z=0(m\neq n)$,最后将结构物内外速度势的展开项 m 和 n 分别截断到 M 和 N 项,便可以得到一个线性方程组:

$$\{a_m\}_{M+1}+\{R_m\}_{M+1}=[b_{mn}]_{(M+1)\times(N+1)}\{A_n\}_{N+1} \tag{7.49}$$

其中

$$a_m=\begin{cases}-1; & m=0\\ 0; & m=1,2,\cdots,M\end{cases}$$

$$b_{mn}=\frac{\lambda_n\sin\lambda_n B\left[\int_{-b}^{0} Z_m(z)U_n(z)\mathrm{d}z+\varepsilon_\mathrm{r}\int_{-d}^{-b} Z_m(z)D_n(z)\mathrm{d}z\right]}{\bar{k}_m\int_{-d}^{0} Z_m^2(z)\mathrm{d}z}$$

$$\bar{k}_m=\begin{cases}-\mathrm{i}k_0; & m=0\\ k_m; & m=1,2,\cdots,M\end{cases}$$

$$m=0,1,\cdots,M,n=0,1,\cdots,N$$

将各区域内速度势的表达式代入式(7.44)可得

$$\mathrm{i}k_0(G_\mathrm{v}-1)Z_0(z)+\sum_{m=0}^{\infty}(\mathrm{i}k_0G_\mathrm{v}-\bar{k}_m)R_mZ_m(z)=$$
$$\begin{cases}\mathrm{i}k_0G_\mathrm{v}\sum\limits_{n=0}^{\infty}A_n\cos\lambda_nBU_n(z); & -b\leqslant z\leqslant 0\\ \mathrm{i}k_0G_\mathrm{v}\sum\limits_{n=0}^{\infty}A_n\cos\lambda_nB(s_\mathrm{r}+\mathrm{i}f_\mathrm{r})D_n(z); & -d\leqslant z<-b\end{cases} \tag{7.50}$$

将方程(7.50)两边也乘上特征函数系 $Z_m(z)(m=0,1,2,\cdots)$,采用与方程(7.49)类似的处理方法,可得到另外一个线性方程组:

$$\{c_m\}_{M+1}+\{R_m\}_{M+1}=[d_{mn}]_{(M+1)\times(N+1)}\{A_n\}_{N+1} \tag{7.51}$$

其中

$$c_m=\begin{cases}\dfrac{G_v-1}{G_v+1}; & m=0\\ 0; & m=1,2,\cdots,M\end{cases}$$

$$d_{mn}=\frac{\mathrm{i}k_0G_v\cos\lambda_nB\left[\int_{-b}^{0}Z_m(z)U_n(z)\mathrm{d}z+(s_r+\mathrm{i}f_r)\int_{-d}^{-b}Z_m(z)D_n(z)\mathrm{d}z\right]}{(\mathrm{i}k_0G_v-\bar{k}_m)\int_{-d}^{0}Z_m^2(z)\mathrm{d}z}$$

$$m=0,1,\cdots,M,n=0,1,\cdots,N$$

通过求解线性方程组(7.49)、(7.51)可以得到特征展开系数 R_m 和 A_n,便可计算出各区域内的速度势。

反射系数 K_R 的表达式为

$$K_R=|R_0| \tag{7.52}$$

流域内任意点的动水压力可通过线性伯努利方程来计算:

$$p(x,y)=\mathrm{i}\rho\omega(s_r+\mathrm{i}f_r)\varphi(x,y) \tag{7.53}$$

其中 ρ 为水体密度。沿结构物表面对动水压力进行积分,便可以得到作用于开孔墙上的波浪力和力矩。作用于开孔墙上的水平波浪力 F_x 和力矩 M_x(对前墙趾点)分别为

$$F_x=\frac{\rho gH}{\mathrm{i}2k_0G_v}\left[\mathrm{i}(1-R_0)\tanh k_0d+\sum_{m=1}^{M}R_m\tan k_md\right] \tag{7.54}$$

$$M_x=F_xd+\frac{\rho gH}{\mathrm{i}2k_0G_v}\left[\mathrm{i}(1-R_0)\frac{1-\cosh k_0d}{k_0\cosh k_0d}+\sum_{m=1}^{M}R_m\frac{\cos k_md-1}{k_m\cos k_md}\right] \tag{7.55}$$

定义开孔墙上水平波浪力和力矩的无因次形式如下:

$$C_{Fx}=\frac{|F_x|}{\rho gHd},C_{Mx}=\frac{|M_x|}{\rho gHd^2} \tag{7.56}$$

7.3.2 数学模型的验证

根据上一小节的理论结果,同样编写了 Fortran 程序来计算结构物的反射系数和波浪力。这一节从理论上检验作者所推导的理论解和相应计算程序的正确性。

在理论解的求解中,首先要确定速度势展开项数 M 和 N,以得到收敛的数值结果。取不同的 M 和 N 对反射系数进行了计算,计算条件为:防波堤内部填料淹没深度 $b/d=0.2$,消浪室宽度 $B/d=0.5$,前开孔墙孔隙影响系数 $G_v=1.0e^{0i}$,填料的孔隙率 $\varepsilon_r=0.45$、阻力系数 $f_r=2$、惯性力系数 $s_r=1$。表 7.2 给出不同 M、N 和 k_0d 所对应的反射系数计算结果,可以看出,当 $M=N=20$ 时计算结果可以精确到小数点后 3 位,这对工程问题而言是足够的,因此在计算中取 $M=N=20$。

表 7.2 不同 M 和 N 的反射系数收敛性检验(结构Ⅱ)

Tab. 7.2 The convergence examination on reflection coefficient for different values of M and N(Structure Ⅱ)

非传播模态	反射系数 K_R				
$M=N$	$k_0d=0.5$	$k_0d=1.5$	$k_0d=2.5$	$k_0d=3.5$	$k_0d=4.5$
0	0.828 4	0.193 3	0.138 6	0.358 3	0.625 7
5	0.823 0	0.324 4	0.238 6	0.379 3	0.622 4
10	0.822 8	0.328 5	0.240 7	0.378 2	0.621 6
20	0.822 7	0.329 6	0.241 5	0.377 8	0.621 3
40	0.822 7	0.329 9	0.241 7	0.377 7	0.621 3
60	0.822 7	0.330 0	0.241 8	0.377 7	0.621 2
80	0.822 7	0.330 0	0.241 8	0.377 7	0.621 2

Isaacson 等[5]对正向规则波与内部填满块石的全开孔墙式防波堤($b/d=0$)的相互作用进行了理论分析,这里将本章反射系数计算结果与他们的计算结果进行对比验证。图 7.11 给出相应的

计算结果，计算中取 $b/d=0$、$\varepsilon_r=0.45$、$f_r=2$、$s_r=1$，前墙的孔隙影响系数 G_v 是利用式(2.73)来计算，计算中取开孔墙的几何开孔率 $\varepsilon_v=0.3$、阻力系数 $f_v=5$、惯性力系数 $s_v=1$、相对厚度 $\delta/d=0.075$。图 7.11 中线代表本书计算结果，点代表 Isaacson 等[5]的计算结果，可以看出两种不同方法的计算结果是一致的。需要说明的是，当开孔墙式防波堤内部没有填料时($b/d=1$ 或 $\varepsilon_r=1$、$f_r=0$、$s_r=1$)，本章程序中反射系数的计算结果与 Sahoo 等[20]给出的式(3.5)的计算结果也是完全一致的。

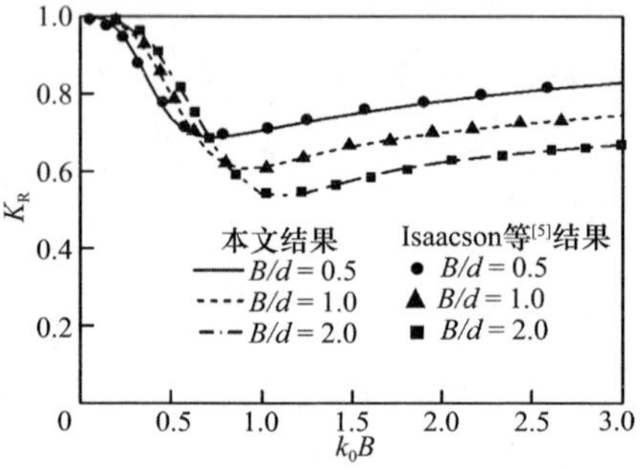

图 7.11　本书理论与 Isaacson 等[5]的比较

Fig. 7.11　Comparison between present theory and Isaacson, *et al*.[5]

Madsen[51]给出了直立式多孔消波结构(将当前结构取 $b/d=0$、$|G_v|=+\infty$)在线性浅水长波作用下反射系数的计算式：

$$K_R=\frac{1-\dfrac{\varepsilon_r}{R}+\left(1+\dfrac{\varepsilon_r}{R}\right)e^{\frac{-i2\omega BR}{\sqrt{gd}}}}{1+\dfrac{\varepsilon_r}{R}+\left(1-\dfrac{\varepsilon_r}{R}\right)e^{\frac{-i2\omega BR}{\sqrt{gd}}}},R=\sqrt{s_r-if_r} \tag{7.57}$$

图 7.12 给出本章计算结果与 Madsen[51]计算结果的比较，计算条件为：$b/d=0$，$|G_v|=+\infty$，$\varepsilon_r=0.5$，$f_r=1$，$s_r=1$，图中实线代表式(7.57)的计算结果，其他 3 条线为本书理论解取不同 k_0d 的计

算结果。从图 7.12 可以看出，当 $k_0d=0.3$ 时本书计算结果与 Madsen[51] 的计算结果是十分接近的，这时相对水深很浅，采用浅水波理论可以得到比较合理的结果。随着相对水深 k_0d 的增加，逐渐超出式(7.57)的适用范围，本书方法与式(7.57)计算结果的差异也逐渐增大，这从理论上来说是合理的。

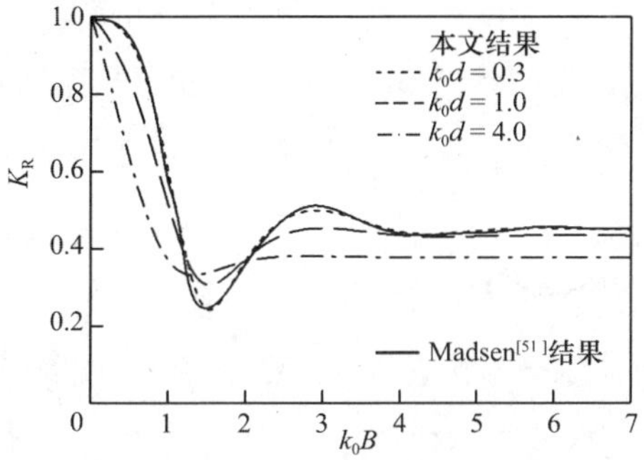

图 7.12　本书理论与 Madsen[51] 的比较

Fig. 7.12　Comparison between present theory and Madsen[51]

通过以上分析，说明本节所推导的理论解和相应计算程序是合理的，下面便可利用该理论解的计算结果对带部分填料全开孔墙式防波堤的水动力特性进行分析。

7.3.3　结果分析和讨论

图 7.13 给出开孔墙式防波堤内填料淹没深度 b/d 对反射系数 K_R、水平波浪力 C_{Fx} 和力矩 C_{Mx} 的影响，计算条件为：$k_0d=1.3$，$G_v=1.0e^{0i}$，$\varepsilon_r=0.45$，$f_r=2$，$s_r=1$，这里将反射系数、水平波浪力和力矩均表示为随消浪室相对宽度 B/L 变化的函数。在图 7.13 中，$b/d=1$ 的曲线表示开孔墙式防波堤内没有填料；$b/d=0$ 的曲线表示防波堤内部被填满，即 Isaacson 等[5] 研究的结构形式。从图

7.13(a)可以看出，当防波堤内部没有填料时($b/d=1$)，反射系数随 B/L 的增加在其最小值和 1 之间周期性变化。随着填料厚度的增加(b/d 的减小)，反射系数 K_R 不再随 B/L 做周期性变化，不过 K_R 仍随 B/L 的增加呈现摆动特征，摆动的幅值随填料厚度的增加而衰减，同时也随 B/L 的增加而衰减。这主要是因为波浪在防波堤内填料上运动时要产生能量耗散，且能量耗散随填料厚度和消浪室宽度的增加而增加，这其实与波浪通过多孔潜堤[25]时的反射特征有些类似。从图 7.13(a)还可以看出，对于 Isaacson 等[5]研究的结构形式($b/d=0$)，当 $B/L>0.3$ 时反射系数 K_R 基本为一常量，此时防波堤相当于半无限宽的多孔结构。实际上，当开孔墙式防波堤消浪室内部填满多孔介质后，已不能被称为严格意义上的 Jarlan型防波堤结构，相当于由两层不同宽度多孔介质组成的直立堤[52](第一层为直立开孔墙)。将图 7.13(b)、(c)与图7.13(a)进行比较可以看出，开孔墙上的水平波浪力和力矩随 B/L 的变化规律与防波堤反射系数正好相反，这在前文已多次提到，不再赘述。这里值得强调的是，防波堤内部填料厚度的变化对开孔墙上水平波浪力和力矩的影响与其对防波堤反射系数的影响正好相反，从总体上来说，当填料厚度增加时，水平波浪力和力矩减小，反射系数增加。如图 7.13 所示，将防波堤的消浪室填满后，开孔墙上水平波浪力和力矩的减小是十分显著的，但反射系数的增加也同样极为显著。在实际工程中，如果只关心开孔墙的受力，将消浪室填满是可取的，但是，如果同时对结构物的反射系数有一定要求，并考虑到节省工程材料，则不宜将消浪室填满，填充到靠近自由水面处即可。

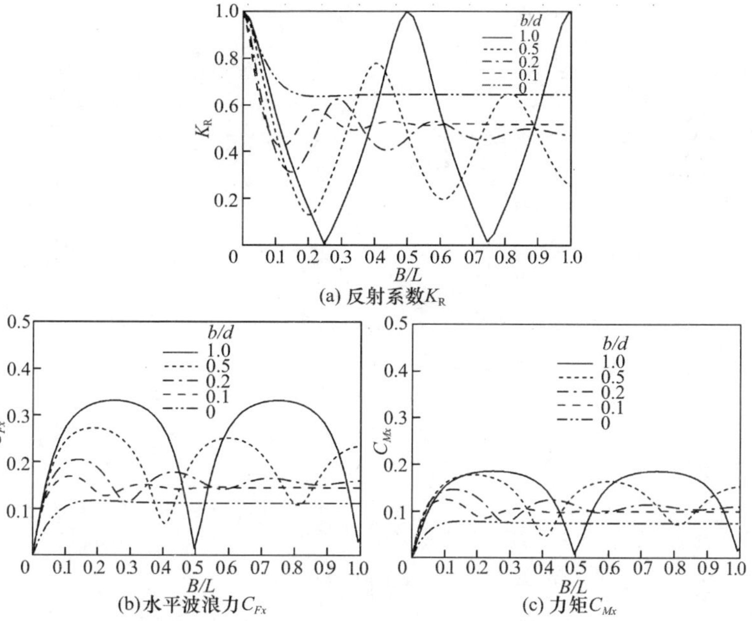

图 7.13　填料淹没深度 b/d 对 K_R、C_{Fx} 和 C_{Mx} 的影响

Fig. 7.13　Effects of rock fill submerged depth b/d on K_R, C_{Fx} and C_{Mx}

图 7.14 给出开孔墙孔隙影响系数的模 $|G_v|$ 对反射系数 K_R、水平波浪力 C_{Fx} 和力矩 C_{Mx} 的影响，计算条件为：$k_0 d=1.3$，$B/L=0.25$，$\varepsilon_r=0.45$，$f_r=2$，$s_r=1$，$G_v=|G_v|e^{0i}$，这里将反射系数、水平波浪力和力矩均表示为随 $|G_v|$ 变化的函数，且代表 $|G_v|$ 的横坐标为对数坐标。从图 7.14(a)可以看出，反射系数随 $|G_v|$ 的变化规律与填料淹没深度 b/d 有关，当 b/d 较大时，反射系数会在 $|G_v|$ 大小适中时达到最小值，但是当 b/d 较小时，反射系数基本随 $|G_v|$ 的增加而单调减小。从图 7.14(b)、(c)可以看出，随着 $|G_v|$ 的增加，作用于开孔墙上的水平波浪力和力矩都快速单调减小。图7.14的分析结果表明，将本节开孔墙式防波堤结构的消浪室填充到靠近自由水面后(也包括 Isaacson 等[5] 将消浪室填满的情况)，应同时尽量增加开孔墙的几何开孔率，以便更大程度地减小防波堤的反射

系数和开孔墙上的水平波浪力与力矩。当然，实际工程中开孔墙的几何开孔率也不能取得太大，如果开孔率过大，一方面无法保证开孔墙自身的强度，另一方面消浪室内部的填料有可能泄漏出去。

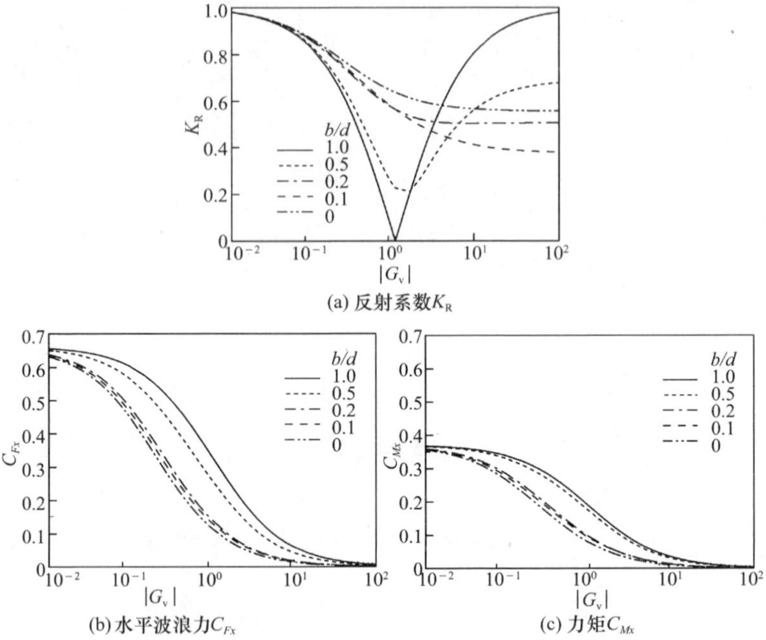

图 7.14　孔隙影响系数的模$|G_v|$对 K_R、C_{Fx} 和 C_{Mx} 的影响

Fig. 7.14　Effects of porous effect coefficient modulus $|G_v|$ on K_R, C_{Fx} and C_{Mx}

图 7.15 给出消浪室内填料性质 ε_r 和 f_r 对反射系数 K_R、水平波浪力 C_{Fx} 和力矩 C_{Mx} 的影响，计算条件为：$k_0d=1.3$，$b/d=0.2$，$G_v=1.0e^{0i}$，$s_r=1$，图 7.15(a)、(c)、(e)中 $f_r=2$，图 7.15(b)、(d)、(f)中 $\varepsilon_r=0.45$。从图 7.15 可以看出，相对于填料孔隙率 ε_r 而言，填料阻力系数 f_r 对 K_R、C_{Fx} 和 C_{Mx} 的影响似乎更为显著，此外 ε_r 和 f_r 对 K_R、C_{Fx} 和 C_{Mx} 的影响正好相反。总的来说，减小填料的孔隙率或增加填料的阻力系数将增加结构物的反射系数，但会减小作用于开孔墙上的水平波浪力和力矩，这与图 7.13 中增加消浪室内填料厚度所产生的影响有些类似。我们知道，填料孔隙率和阻力

系数由填料的形状、堆积密度等因素决定，并不容易随意改变（对任意堆积的圆球而言，孔隙率为 0.4～0.5[5]）。在实际工程中，通过改变填料性质来控制结构物的反射系数和水平波浪力似乎难度较大，并且如图 7.15 所示，效果也是有限的。对于本节结构而言，只需合理地选择填料尺寸使其不能从前开孔墙泄漏出去且在波浪作用下稳定即可。

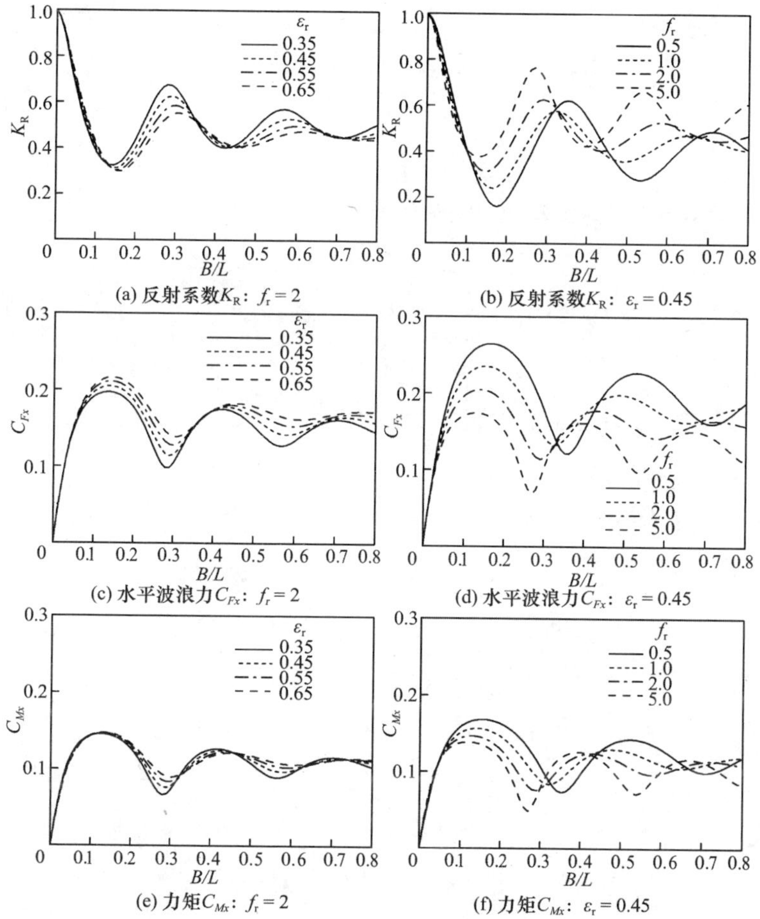

图 7.15 填料性质 ε_r 和 f_r 对 K_R、C_{Fx} 和 C_{Mx} 的影响

Fig. 7.15 Effects of rock fill properties ε_r and f_r on K_R, C_{Fx} and C_{Mx}

通过以上的分析，建议将开孔墙式防波堤的消浪室填充到靠近自由水面处，而不是全部填满，这样在显著降低开孔墙上水平波浪力和力矩的同时，也可将结构物的反射系数控制在较低范围内。与此同时，应尽量增加开孔墙的几何开孔率，这样可以更有效地降低开孔墙上的水平波浪力、力矩以及防波堤的反射系数。

7.4 不同开孔墙式防波堤结构的比较

本章给出两种不同的改良型开孔墙式防波堤结构，首先将这两种结构的反射系数、水平波浪力和力矩进行比较。在前面的分析中，已经推荐了这两种改良结构的工程适用参数，根据前面的分析结果，将两种结构比较中的基本参数选择如下：水平多孔板和填料的淹没深度 $b/d=0.2$；水平多孔板孔隙影响系数 $G_h=1.0e^{0i}$，填料的孔隙率、阻力系数、惯性力系数分别为 $\varepsilon_r=0.45$、$f_r=2$、$s_r=1$；前开孔墙孔隙影响系数 $G_v=1.0e^{0i}$、$2.0e^{0i}$；入射波波数 $k_0d=1.3$。图 7.16 给出相应的比较结果，图中实线 1 代表内部带水平多孔板的开孔墙式防波堤(结构Ⅰ)，虚线 2 代表内部带部分填料的开孔墙式防波堤(结构Ⅱ)。从图 7.16(a)、(b)可以看出，随着消浪室相对宽度 B/L 的增加，结构Ⅱ反射系数摆动的幅度要大于结构Ⅰ，当 B/L 较小时(小于 0.15)，结构Ⅱ的反射系数要略低一些，不过总的来说结构Ⅰ可以把开孔墙式防波堤的反射系数控制在更低的范围内。从图 7.16(c)～(f)可以看出，两种防波堤前开孔墙上水平波浪力和力矩的比较结果与这两种结构反射系数的比较结果是正好相反的，从总体上讲，选择结构Ⅱ对降低前开孔墙上的水平波浪力和力矩更有利。在图 7.16 的比较中，是将水平多孔板和填料取相同的淹没深度，简单地说，在消浪室内靠近自由水面处安装水平多孔板可以更好地控制结构的反射系数，而采用块石或混凝土块将消浪室填充到靠近自由水面处则对降低开孔墙上的水平波浪力和力矩更有利。对这两种结构而言，采用水平多孔板的施工难度要大一些，采用填料施工方便，但可能更浪费材料，具体采用哪种结构宜根据不同的工程条件和需要来定。

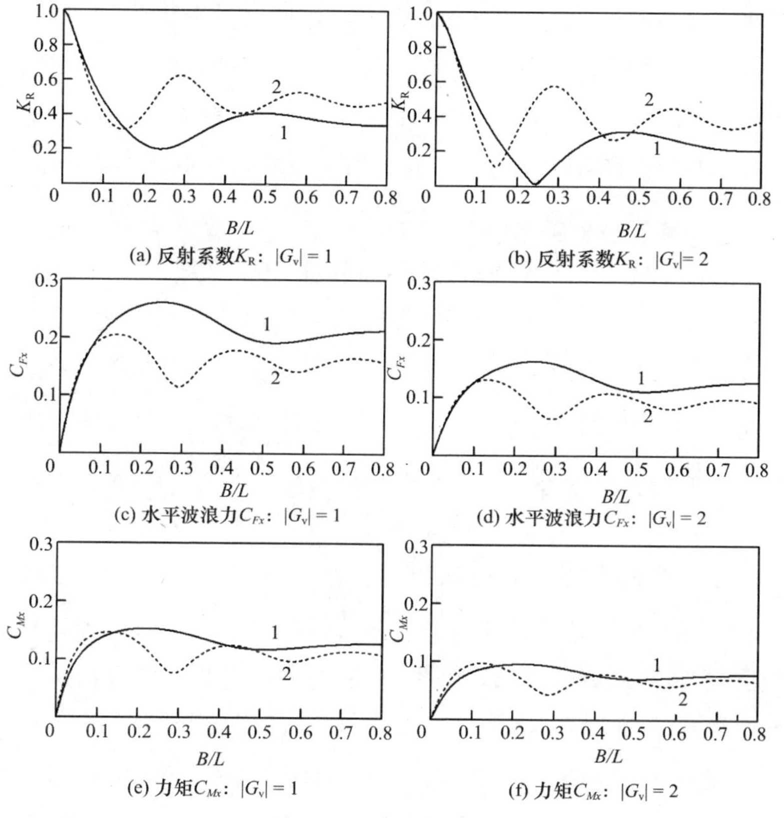

图 7.16　两种改良型开孔墙式防波堤结构Ⅰ和Ⅱ之间的比较

Fig. 7.16　Comparison between two modified perforated wall breakwaters of structure Ⅰ and Ⅱ

前面已经提到，本章结构Ⅱ和第 4 章的开孔沉箱结构是很类似的（比较图 4.1 和图 7.10），结构Ⅱ中的开孔直立墙是沿整个水深方向全部开孔，而第 4 章开孔沉箱的前墙只是在填料以上区域局部开孔。在第 4 章中，前开孔墙是整个沉箱的一部分，研究了沉箱整体结构的受力，并没有单独考虑前墙本身的受力。这里换一个角度来考虑问题：分析比较作用于本章结构Ⅱ和第 4 章结构的前开孔墙上的水平波浪力、力矩以及结构的反射系数。图 7.17 给出两种结构相应的比较结果，图中实线 1 代表本章结构Ⅱ，虚线 2 代表第 4 章的开孔沉箱结构，计算条件为：填料淹没深度 $b/d=0.2$、0.6；填料的孔隙率、阻力系数、惯性力系数分别为 $\varepsilon_r=0.45$、$f_r=2$、$s_r=1$；开孔墙孔隙影响系数 $G_v=1.0e^{0i}$；入射波波数 $k_0d=1.3$。从定性上分析，这两种结构的性能差异应该与 b/d 密切相关。当 $b/d=1$ 时，这两种结构都变为相同的全开孔墙式防波堤，结构的反射系数和波浪力自然是完全相同的。随着 b/d 从 1 减小到 0，本章结构Ⅱ变为 Isaacson 等[5]的结构形式。总的说来，开孔墙上的水平波浪力要减小，反射系数要增大（但不发生全反射）。对第 4 章结构而言，当 b/d 从 1 减小到 0 后，前墙变为实体墙，前墙上的水平波浪力变为立波压力，入射波全反射。也就是说，随着 b/d 的增加，这两种结构开孔墙上水平波浪力和力矩的变化趋势是相反的，反射系数的变化趋势相同，但本章结构Ⅱ反射系数增加的幅度要小一些，这些从图 7.17 都可以得到定量地反映。从图 7.17(a)、(b)可以看出，当 $b/d=0.6$ 时两种结构反射系数的差异很小，但是当 $b/d=0.2$ 时，结构Ⅱ对反射系数的控制更好一些。从图7.17(c)～(f)可以看出，相对于第 4 章结构而言，本章结构Ⅱ可以显著地减小作用于前开孔墙上的水平波浪力和力矩，这在填料厚度较大时(b/d 较小时)尤为明显。因此,如果只是从降低前开孔墙上的水平波浪力、力矩和结构物反射系数的角度出发,本章结构Ⅱ比第 4 章沉箱结构更可取。

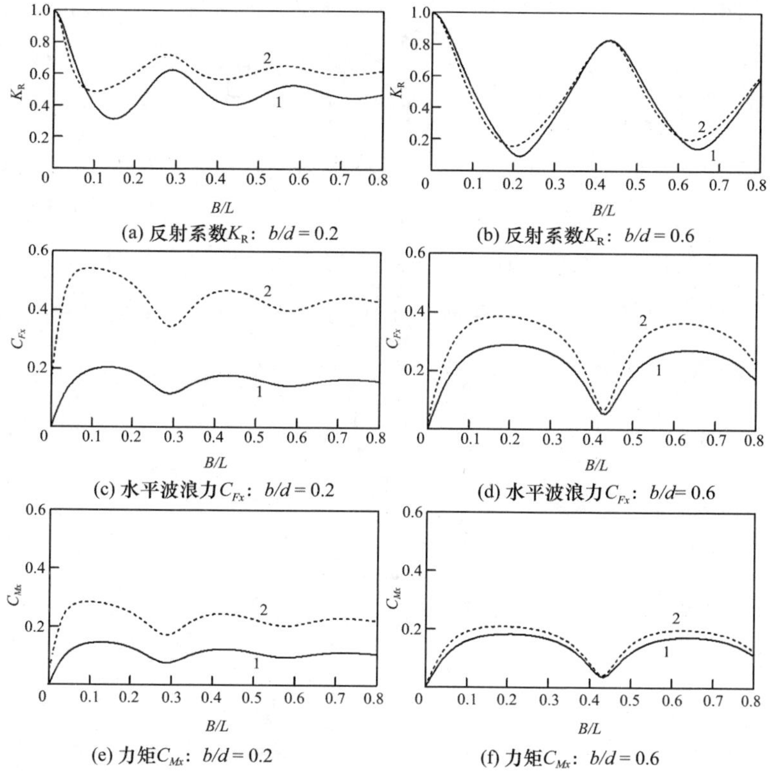

图 7.17　本章结构Ⅱ与第 4 章结构的比较

Fig. 7.17　Comparison between the present structure Ⅱ and the structure in Chapter 4

通过上图的分析,很自然地考虑到另外一个问题:本章结构Ⅱ对降低前开孔墙和后实体墙上的总水平波浪力比第 4 章的开孔沉箱结构是否更有利? 图 7.18 给出这两种结构无因次总水平波浪

力 C_{Fx}(总水平波浪力除以 ρgdH)的比较,图中实线 1 代表本章结构(Ⅱ),虚线 2 代表第 4 章的开孔沉箱结构。参考第 4 章的分析,计算中的基本参数选择如下:填料淹没深度 $b/d=0.5$;填料的孔隙率、阻力系数、惯性力系数分别为 $\varepsilon_r=0.45$、$f_r=2$、$s_r=1$;开孔墙孔隙影响系数 $G_v=1.0e^{0i}$、$2.0e^{0i}$;入射波波数 $k_0d=1.3$。从图 7.18 可以看出,这两种开孔墙式防波堤结构总水平波浪力的大小与消浪室相对宽度 B/L 有关。对工程问题而言,开孔沉箱的 B/L 不可能太大,这时第 4 章开孔沉箱结构的总水平波浪力反而相对小一些。这表明,在工程常用条件下,将第 4 章中带填料局部开孔沉箱的前墙由局部开孔变为沿整个水深方向全部开孔,对减小结构的总水平波浪力并无特别帮助。

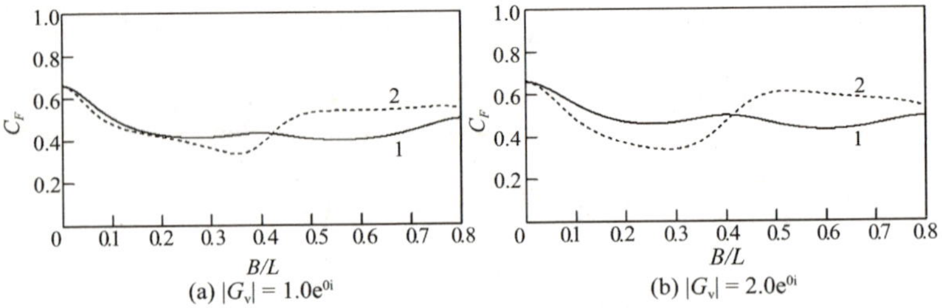

图 7.18 本章结构Ⅱ与第 4 章开孔沉箱结构总水平波浪力的比较

Fig. 7.18 Comparison of total horizontal wave forces between present structure Ⅱ and perforated caissons structure in Chapter 4

附录　多孔介质上水波运动复色散方程的求解方法

这里介绍 Mendez 等[26]提出的多孔介质上水波运动复色散方程的求解方法。

附图 1 给出水波在多孔介质上运动的示意图，各向同性、刚性多孔介质的线性阻力系数、惯性力系数、孔隙率分别为 f、s、ε，多孔介质厚度为 a，包括多孔介质在内的整个水深为 d，波浪的圆频率为 ω。

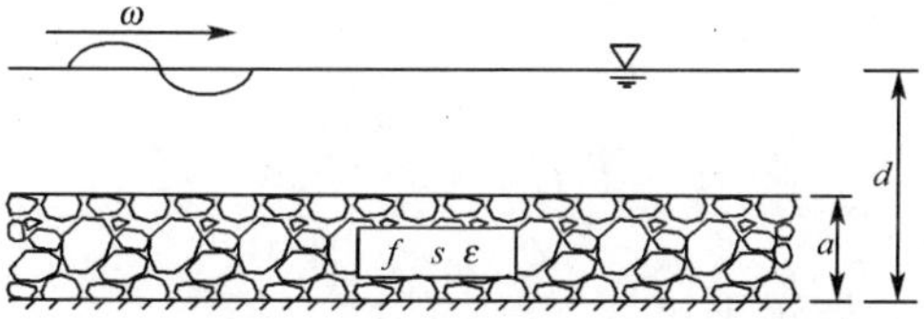

附图 1　水波在多孔介质上运动示意图

Fig. S1　Sketch of water wave motions over porous media

水波传播过程中满足复色散关系：

$$\omega^2-gK\tanh Kd=\frac{\left(1-\frac{\varepsilon}{s+\mathrm{i}f}\right)\tanh Ka}{1-\frac{\varepsilon}{s+\mathrm{i}f}\tanh^2 Ka}(\omega^2\tanh Kd-gK) \quad (1)$$

式中：K 为复波数，g 为重力加速度。需要说明的是，上式与 Mendez 等[26]给出的表达式略有不同，原因在于本书流体运动速度势的时间因子采用 $e^{-i\omega t}$，而 Mendez 等[26]采用的是 $e^{i\omega t}$。将式(1)无因次化，可得

$$\Gamma-x\tanh\beta x=\varphi(x-\Gamma\tanh\beta x)\tanh\alpha x \quad (2)$$

式中：$\varphi=\varepsilon/(s+\mathrm{i}f)$ 为多孔介质的耗散参数，$x=Kd$ 为待求的无因次波数，$\Gamma=\omega^2 d/g$，$\alpha=a/d$，$\beta=1-\alpha$。

可以看出，耗散参数 φ 为多孔介质的固有参数，对水波而言，$f=0$、$s=1$、$\varepsilon=1$，则 $\varphi=1$，这时式(2)变为水波运动的标准色散方程：

$$\Gamma=x\tanh x \quad (3)$$

假定多孔介质耗散参数 φ 的一个小增量 $\delta\varphi$ 会导致无因次波数 x 发生相应的改变 δx。将 $F(x,\Gamma,\varphi,\alpha)$ 表示为 x 和 φ 的函数，记为

$$F(x,\Gamma,\varphi,\alpha)=\Gamma-x\tanh\beta x-\varphi(x-\Gamma\tanh\beta x)\tanh\alpha x=0 \quad (4)$$

将 $F(x,\Gamma,\varphi,\alpha)$ 做泰勒级数展开，可得

$$F(x+\delta x,\Gamma,\varphi+\delta\varphi,\alpha)=\sum_{m,n=0}^{\infty}\frac{1}{m!n!}\frac{\partial^{m+n}F(x,\Gamma,\varphi,\alpha)}{\partial x^m\partial\varphi^n}\delta x^m\delta\varphi^n \quad (5)$$

假定展开后的级数表达式(5)仍然满足方程(4)，然后只取其中的 $\delta\varphi$ 和 δx 项，就可以得到 δx 和 $\delta\varphi$ 之间的关系式：

$$\delta x=-\delta\varphi\frac{\partial F(x,\Gamma,\varphi,\alpha)/\partial\varphi}{\partial F(x,\Gamma,\varphi,\alpha)/\partial x}=$$

$$\frac{\delta\varphi(x-\Gamma\tanh\beta x)\tanh\alpha x}{-\tanh\beta x-\frac{\beta x}{\cosh^2\beta x}-\varphi\frac{\alpha}{\cosh^2\alpha x}(x-\Gamma\tanh\beta x)-\varphi\tanh\alpha x\left(1-\frac{\Gamma\beta}{\cosh^2\beta x}\right)} \tag{6}$$

复色散方程(2)的求解步骤如下：

(1)用牛顿-下山法计算标准色散方程(3)的根 x_0，x_0 对应耗散参数的初值 $\varphi_0=1$，方程(2)的根 x 对应耗散参数 φ。

(2)取 $\delta\varphi=(\varphi-\varphi_0)/N$，其中 N 为正整数。

(3)将 δx_i 视为 x_{i-1}、φ_{i-1} 和 $\delta\varphi$ 的函数，利用关系式(6)计算 δx_i。

(4)计算 $x_i=x_{i-1}+\delta x_i$。

(5)将步骤(3)(4)重复 N 次，可得到 $x=x_N=x_{N-1}+\delta_{xN}$、$\varphi=\varphi_N=\varphi_{N-1}+\delta\varphi$。

上述计算中 N 的选取要依据 $|\varphi|$ 的大小和计算精度要求，Mendez 等[26]的分析表明，在工程常用条件下取 $N=1\sim5$ 便可以将计算误差控制在 5%以下。如果要得到精度更高的结果，可将上述方法计算得到的 x 作为初值，然后用牛顿-下山法求解复色散方程(2)。

参考文献

[1] Jarlan G E. A perforated wall breakwater[J]. The Dock and Harbour Authority, 1961, 41 (486): 394-398.

[2] 李玉成,滕斌. 波浪对海上建筑物的作用[M]. 2 版. 北京:海洋出版社,2002.

[3] Tanimoto K, Takahashi S. Design and construction of caisson breakwaters — the Japanese experience[J]. Coastal Engineering, 1994, 22(1-2): 57-77.

[4] Franco L. Vertical breakwaters: the Italian experience[J]. Coastal Engineering, 1994, 22(1-2): 31-55.

[5] Isaacson M, Baldwin J, Allyn N, *et al*. Wave interactions with perforated breakwater[J]. Journal of Waterway, Port, Coastal and Ocean Engineering, 2000, 126(5): 229-235.

[6] 谢世楞. 深水防波堤技术的最新进展——94 深水防波堤国际会议报导[J]. 港工技术,1994,2:1-10.

[7] 李炎保. 韩国海岸港口工程概况[J]. 海洋工程,2001,19(2):61-68.

[8] 谢世楞. 防波堤工程的发展与海浪研究问题[J]. 港工技术,1987,1:1-8.

[9] 李玉成,孙大鹏. 大连港大窑湾港区 11#-16# 泊位结构断面物理模型试验报告[R]. 大连理工大学海岸和近海工程国家重点实验室,2002.

[10] Sollitt C K, Cross R H. Wave transmission through permeable breakwaters[C]// Proceedings of the 13th Conference on Coastal

Engineering. New York: ASCE, 1972, 13: 1827-1846.

[11] Yu X P. Diffraction of water waves by porous breakwaters[J]. Journal of Waterway, Port, Coastal, and Ocean Engineering, 1995, 121(6): 275-282.

[12] Losada I J, Losada M A, Baquerizo A. An analytical method to evaluate the efficiency of porous screens as wave dampers[J]. Applied Ocean Research, 1993, 15: 207-215.

[13] Isaacson M, Premasiri S, Yang G. Wave interactions with vertical slotted barrier[J]. Journal of Waterway, Port, Coastal, and Ocean Engineering, 1998, 124 (3): 118-126.

[14] Isaacson M, Baldwin J, Premasiri S, *et al*. Wave interactions with double slotted barriers[J]. Applied Ocean Research, 1999, 21: 81-91.

[15] Li Y C, Liu H J, Teng B, *et al*. Reflection of oblique incident waves by breakwaters with partially-perforated wall[J]. China Ocean Engineering, 2002, 16(3): 329-324.

[16] Li Y C, Sun L, Teng B. Wave interaction with an array of combined cylinders with solid interior column and porous exterior column[C]// Proceedings of the Sixth (2004) ISOPE Pacific/Asia Offshore Mechanics Symposium. Vladivostok: International Society of Offshore and Polar Engineers, 2004: 187-192.

[17] Zhu S T, Chwang A T. Analytical study of porous wave absorber[J]. Journal of Engineering Mechanics, 2001, 127(4): 326-332.

[18] van Gent M R A. Wave interaction with permeable coastal structures[D]. Delft: Delft University of Technology, 1995.

[19] Requejo S, Vidal C, Losada I J. Modelling of wave loads and hydraulic performance of vertical permeable structures[J]. Coastal

Engineering,2002,46(4):249-276.

[20] Sahoo T,Lee M M,Chwang A T. Trapping and generation of waves by vertical porous structures[J]. Journal of Engineering Mechanics,2000,126(10):1074-1082.

[21] Tanimoto K,Yoshimoto Y. Theoretical and experimental study of reflection coefficient for wave dissipating caisson with a permeable front wall[R]. Report of the Port and Harbour Research Institute,1982,21(3):44-77 (in Japanese).

[22] Kondo H. Analysis of breakwater having two porous walls[C]// Coastal Struct '79,Spec Conf on the Des Constr,Maint and Perform of Port and Coastal Struct. New York: ASCE,1979, 2: 962-977.

[23] Zhu S T,Chwang A T. Investigations on the reflection behaviour of a slotted seawall[J]. Coastal Engineering,2001,43(2):93-104.

[24] Goda Y,Suzuki Y. Estimation of incident and reflected waves in random wave experiments[C]//Proceedings of the 15th Coastal Engineering Conference. New York:ASCE,1976:828-845.

[25] Losada I J,Silva R,Losada M A. 3-D non-breaking regular wave interaction with submerged breakwaters[J]. Coastal Engineering, 1996,28(1-4):229-248.

[26] Mendez F J,Losada I J. A perturbation method to solve dispersion equations for water waves over dissipative media[J]. Coastal Engineering,2004,51(1):81-89.

[27] 王勖成,邵敏. 有限单元法基本原理和数值方法[M]. 北京:清华大学出版社,2003.

[28] Chwang,A T,Dong,Z. Wave-trapping due to a porous plate[C]// Fifteenth Symposium-Naval Hydrodynamics: Seakeeping

Problems, Hull-Propeller Interactions, Nonlinear Free-Surface Problems, Frontier Problems in Hydrodynamics. Washington: Natl Acad Press, 1985: 407-417.

[29] Yip T L, Chwang A T. Perforated wall breakwater with internal horizontal plate[J]. Journal of Engineering Mechanics, 2000, 126(5): 533-538.

[30] Tabet-Aoul E, Lambert E. Tentative new formula for maximum horizontal wave forces acting on perforated caisson[J]. Journal of Waterway, Port, Coastal, and Ocean Engineering, 2003, 129(1): 34-40.

[31] Sulisz W. Wave reflection and transmission at permeable breakwaters of arbitrary cross-section[J]. Coastal Engineering, 1985, 9(4): 371-386.

[32] 俞聿修. 随机波浪及其工程应用[M]. 大连:大连理工大学出版社, 2000.

[33] Bennett G S, McIver P, Smallman J V. A mathematical model of a slotted wavescreen breakwater[J]. Coastal Engineering, 1992, 18(3-4): 231-249.

[34] Suh K D, Choi J C, Kim B H, *et al*. Reflection of irregular waves from perforated-wall caisson breakwaters[J]. Coastal Engineering, 2001, 44(2): 141-151.

[35] 文圣常, 宇宙文. 海浪理论与计算原理[M]. 北京:科学出版社, 1985.

[36] 李玉成, 董国海. 缓坡上不规则波浪的破碎指标[J]. 水动力学研究与进展A辑, 1993, 8(1): 21-27.

[37] 马宝联. 波浪与开孔直墙式防波堤的相互作用[D]. 大连:大连理工大学, 2004.

[38] Massel S R. Extended refraction-diffraction equation for surface

waves[J]. Coastal Engineering,1993,19(1-2):97-126.

[39] Suh K D,Park W S. Wave reflection from perforated-wall caisson breakwaters[J]. Coastal Engineering,1995,26(3-4):177-193.

[40] Suh K D,Park J K,Park W S. Wave reflection from partially perforated-wall caisson breakwater[J]. Ocean Engineering,2006,33(2):264-280.

[41] Park W S,Chun I S,Lee D S. Hydraulic experiments for the reflection characteristics of perforated breakwaters[J]. Journal of Korean Society of Coastal and Ocean Engineers,1993,5(3):198-203. (in Korean)

[42] Tanimoto K,Haranaka S,Takahashi S,*et al*. An experimental investigation of wave reflection,overtopping and wave forces for several types of breakwaters and sea walls[R]. Yokosuka:Port and Airport Research Institute,1976:0246. (in Japanese)

[43] Linton C M,McIver P. Handbook of mathematical techniques for wave/structure interactions[M]. Boca Raton: Chapman & Hall/CRC,2001.

[44] Teng B,Zhang X T,Ning D Z. Interaction of oblique waves with infinite number of perforated caissons[J]. Ocean Engineering,2004,31(5-6):615-632.

[45] 刘洪杰. 斜向波与带开孔板沉箱结构的相互作用[D]. 大连:大连理工大学,2003.

[46] Yu X P,Chwang A T. Water waves above submerged porous plate[J]. Journal of Engineering Mechanics,1994,120(6):1270-1282.

[47] Yu X P. Functional performance of a submerged and essentially horizontal plate for offshore wave control: a review[J]. Coastal Engineering Journal,2002,44(2):127-147.

[48] Wu J H, Wan Z P, Fang Y. Wave reflection by a vertical wall with a horizontal submerged porous plate[J]. Ocean Engineering, 1998, 25(9):767-779.

[49] Wu J H, Chwang A T. Wave diffraction by a vertical cylinder with a porous ring plate[J]. Journal of Engineering Mechanics, 2002, 128(2):164-171.

[50] Li Y C, Dong G H, Liu H J, *et al*. The reflection of oblique incident waves by breakwaters with double-layered perforated wall[J]. Coastal Engineering, 2003, 50(1-2):47-60.

[51] Madsen P A. Wave reflection from a vertical permeable wave absorber[J]. Coastal Engineering, 1983, 7(4):381-396.

[52] Twu S W, Wang Y T. A computational model of wave absorption by the multilayer porous media[J]. Coastal Engineering, 1994, 24(1-2):97-109.